《江苏地方文化名片丛书》

泰州学派文化

主　　编　　卢佩民

副 主 编　　潘时常

撰　　写　　蔡桂如　潘时常

江苏地方文化名片丛书

丛书主编 刘德海 本卷主编 卢佩民

泰州学派文化

南京大学出版社

图书在版编目(CIP)数据

泰州学派文化 / 卢佩民主编. —南京:南京大学
出版社,2015.12
(江苏地方文化名片丛书 / 刘德海主编)
ISBN 978 - 7 - 305 - 13731 - 0

Ⅰ.①泰…　Ⅱ.①卢…　Ⅲ.①泰州学派—介绍　Ⅳ.
①B248.3

中国版本图书馆 CIP 数据核字(2015)第 309038 号

出版发行　南京大学出版社
社　　　址　南京市汉口路 22 号　　　　邮　编　210093
出 版 人　金鑫荣

丛 书 名　江苏地方文化名片丛书
丛书主编　刘德海
书　　　名　泰州学派文化
主　　　编　卢佩民
责任编辑　李　清　荣卫红　编辑热线　025 - 83593963

照　　　排　南京紫藤制版印务中心
印　　　刷　南京理工大学资产经营有限公司
开　　　本　787×960　1/16　印张 12.25　字数 182 千
版　　　次　2015 年 12 月第 1 版　2015 年 12 月第 1 次印刷
ISBN　978 - 7 - 305 - 13731 - 0
定　　　价　28.00 元

网址:http://www.njupco.com
官方微博:http://weibo.com/njupco
官方微信号:njupress
销售咨询热线:(025)83594756

王艮像

东淘精舍

崇儒祠先觉堂

老街

望海楼

税务碑亭

总　序

赓续江苏人文精神之脉

王燕文

文化自觉支撑国家民族的兴盛,文化自信激发社会进步的活力。习近平总书记深刻指出,中华优秀传统文化是中华民族的精神命脉,是涵养社会主义核心价值观的重要源泉,也是我们在世界文化激荡中站稳脚跟的坚实根基。高度重视文化建设,大力弘扬优秀传统文化,是历史和时代赋予的责任担当。

一方水土养育一方人。江苏地处中国东部美丽富饶的长江三角洲,山水秀美,人杰地灵,文教昌明,有着六千多年有文字记载的文明史。在漫长的历史演进中,这片文化沃土不仅产生了众多的闪耀星空的名家巨匠和流芳千古的鸿篇巨制,而且孕育了江苏南北结合、兼容并蓄、博采众长、和谐共融的多元文化生态,形成了吴文化、金陵文化、维扬文化、楚汉文化和苏东海洋文化五大特色区域文化。绌绎这一颗颗文化明珠,光彩夺目,各具特质:以苏、锡、常为中心区域的吴文化,聪颖灵慧,细腻柔和,饱蘸着创新意识;以南京为中心区域的金陵文化,南北贯通,包容开放,充盈着进取意识;以扬州为中心区域的维扬文化,清新优雅,睿智俊秀,体现着精致之美;以徐州为中心区域的楚汉文化,气势恢宏,尚武崇文,彰显着阳刚之美;以南通、盐城、连云港为中心区域的苏东海洋文化,胸襟宽广,豪迈勇毅,富有开拓精神。可以说,不同地域文化在江苏大地交融交汇,相互激荡,共筑起江苏厚德向善、勇于进取、敏于创新的人文精神底蕴。

多元文化,共生一地;千年文脉,系于一心。地方文化是区域发展的文化

"身份证"，更是整个中华民族的文化基因，展现了我们优秀传统文化生生不息的创造力。在构筑思想文化建设高地和道德风尚建设高地的新征程上，我们要以科学的态度对待传统文化，坚持古为今用、推陈出新，有鉴别地加以对待，有扬弃地予以继承，进行创造性转化、创新性发展，将其中积极的、进步的、精华的元素予以诠释、转化和改铸，赋予其新的时代内涵。只有以文化人、以文励志，力塑人文精神，标高价值追求，提升文明素养，才能涵育出地域发展令人称羡和向往的独特气质。只有以敬畏历史、服膺文化之心，精心保护地方文化遗产，充分挖掘地方文化资源，切实加强地方文化研究，才能传承赓续好人文精神之脉，增强人们对家国本土的文化认同、文化皈依，与时俱进地释放出应有的价值引导力、文化凝聚力和精神推动力。

令人欣慰的是，省社科联和各市社科联以强烈的责任感使命感，组织省内有关专家学者协同编撰了 13 卷《江苏地方文化名片》丛书。丛书按 13 个省辖市的行政区划，一地一卷，提纲挈领，博观约取，独出机杼，既总体上为每个市打造一张具有典型性、代表性的文化名片，又个性化呈现各市文化最具特色的亮点；既综合运用历史学、社会学、经济学和文化学等多学科视角，对富有地方特色的文化资源进行了系统梳理、深度挖掘和科学凝练，又以古鉴今，古为今用，面向未来，做到历史与现实、理论与实践的交集，融学术性与普及性为一体，深入浅出，兼具思想性与可读性。丛书的推出，有裨于读者陶冶心灵，体味地方文化历久弥新的价值，也将对江苏传统文化的传承与研究起到积极示范作用。

不忘本来，开辟未来。植根文化厚土，汲取文化滋养，提升人文精神，促进人的全面发展和人的现代化，这是江苏文化建设迈上新台阶、实现"三强两高"目标的责任所在。我们要进一步加大力度推动江苏优秀传统文化、地方文化在保护中传承，在传承中转化，在转化中创新，让丰沛的江苏历史文化资源留下来、活起来、响起来，着力打造更多走向全国乃至国际的江苏文化名片，为"强富美高"新江苏建设提供生动的文化诠释和有力的文化支撑！

（作者为中共江苏省委常委、宣传部部长）

目　录

序

卢佩民

习近平总书记在 2014 年 2 月 24 日中共中央政治局第十三次集体学习时的讲话中指出："中华文化源远流长，积淀着中华民族最深层的精神追求，代表着中华民族独特的精神标识，为中华民族生生不息、发展壮大提供了丰厚滋养。"植根于中华文化土壤中的泰州学派文化，既体现了中华优秀传统文化的内涵、特征和精神，又是泰州独有的区域文化标识。因此，从这个意义上说，泰州学派文化不仅是泰州区域发展和迈向基本现代化的重要力量支点，更应当是泰州今后奋力谱写伟大"中国梦"泰州篇章的内在精神动力。

泰州学派是中国古代哲学中极富平民特色和创新精神的重要一支，是社会发展和时代进步的产物。16 世纪初，泰州地处商品经济比较发达的中国东南沿海，以王艮为代表的平民思想家们开风气之先，高举"百姓日用即道"的思想大旗，发展了王阳明的心学思想，反对程朱理学束缚人性的禁欲主义，使得当时社会"上自师保公卿，中及疆吏司道牧令，下逮士庶樵陶农吏"，"率翕然从之"，在万马齐喑的封建专制统治下刮起了一股具有浓烈民主启蒙色彩的思想风暴，从而开启和引领了明朝中晚期的思想解放潮流，成为中国历史上第一个真正意义上的思想启蒙学派。

泰州学派的创始人王艮是中华民族名扬青史的"灶丁"学术领袖。王艮（1483—1541），字汝止，号心斋，明南直隶泰州安丰场人。王艮出身灶户，自小就和家人在海边以烧灶煮盐为生。生活在社会的最底层，王艮对封建专制统治的黑暗与腐败有着深切的体会。家庭生活的不幸与压力，经商生涯的艰难闯荡，铸就了他顽强不屈的性格，并在艰难困苦中自强不息，自学成才，成为受人尊敬的思想大师,成为中国早期启蒙思潮的先驱者。

泰州学派的发展经历了三个发展阶段:第一阶段是 16 世纪 20 年代—30 年代,为王艮开门授徒到逐渐形成学派的开创阶段;第二阶段是 16 世纪 40 年代—70 年代,经由弟子王襞、王栋、颜钧、何心隐等的继承、发展,得到广为传播的兴盛阶段;第三阶段是 16 世纪 80 年代—17 世纪 30 年代,经过弟子如李贽、袁宏道等为代表在思想和文艺领域、以徐光启等为代表在科学领域对学派思想发扬光大,达到"风行天下"的早期启蒙思潮顶峰阶段。

泰州学派诸贤的学术思想包涵广泛,内容丰厚,源远流长。其中"万物一体"的生态哲学思想、"百姓日用即道"的民本思想、"人人君子"的平民教育思想、"大明万世"的社会和谐治理思想等,是泰州学派学术思想的基本内容。学派的思想家们以"万物一体之仁"的精神,心怀天下,心系百姓,为广大生活在社会底层的普通百姓生存和发展愿望呐喊,为人的个性自由与解放呼号,为实现社会的长治久安出谋献策。他们不满足于当"空头理论家",而是躬身于"人皆可为尧舜"的平民教化实践活动,以勇于为真理而献身的牺牲精神,努力实现"人人君子,比屋可封"的理想社会追求。

泰州学派人才汇聚,名贤辈出。根据民国初期袁承业所撰《明儒王心斋弟子师承表》的不完全记载,泰州学派从王艮开门授徒至明末历经五代传人,其弟子中有姓名可查者达 487 人,其中载入《明史》者有 20 多人,编入《明儒学案》者有 30 多人。学派成员中,既有上层社会的官员,更有不少来自下层的百姓,其中王艮、王栋、王襞,被人们称为"淮南王氏三贤"(亦称"淮南三王"),徐樾、颜钧、何心隐(梁汝元)、罗汝芳、李贽、汤显祖、袁宏道、徐光启等都是泰州学派在不同发展时期的杰出代表。学派诸贤有着强烈的天下担当意识。著名思想家黄宗羲在《泰州学案》中饱含深情地赞扬他们"诸公赤身担当,无有放下时节"。

泰州学派有着摧枯拉朽巨大的思想力量,"风动宇内,绵绵数百年不绝"。学派成为当时中国最大的民间平民哲学流派,在晚明社会掀起了人文主义的文艺启蒙思潮和科学主义的科学启蒙思潮。这些思想主张顺应了当时社会各阶层多数人的愿望,成为思想解放的一面旗帜。学派诸贤关注普通百姓,敢于突破封建礼教和程朱理学的思想束缚,学术活动具有鲜明的异端性和战斗性,极大地震撼了封建专制的统治,不少人因此惨遭封建势力的迫害。泰州学派及其思想不仅对明末清初乃至近现代的启蒙运动产生了广泛而深远的影响,其深邃的思想走出国门,在国际上特别是东南亚如日本、韩国、新加坡等国被称为"亚洲觉醒的第一阶段",这在中国历史上是极为罕见的。

中华优秀文化是一个内容丰富、结构宏大、层次多元的复合体,它包括不同自然地理环境、人文发展规律和表现特征的区域文化。区域文化作为一种文化原型,一种区域性的文化意识总和,积淀在整体文化和区域的构成当中,影响着人们的文化心理和性格的生成及其发展,并对社会发展产生相应的影响。作为马克思主义中国化重大成果的科学发展观是在中华优秀传统文化基础上的继承和创新,泰州区域文化作为中华文化的组成部分,其流必定入源,因此,科学发展观理论体系的构造也镌刻着泰州优秀区域文化的印记,闪烁着泰州学派思想的光芒。

文化既是一个城市的灵魂,又是区域发展的核心竞争力。区域文化反映了一个地区特定的人文历史境遇,也构成了这个地区基本的人文特色。马克思指出:文化艺术本质上是一种生产力。加快区域发展、提升区域核心竞争力,必须有区域文化的支撑。泰州学派诸贤给后世留下了追求真理、个性解放、开拓创新、心怀天下、关注民生等丰富的民本精神遗产,泰州学派成为五千年来中国思想史上的一朵奇葩。对泰州这个有着 2100 多年建城史的国家级历史文化名城和全国文明城市来说,"泰州学派"不仅是泰州地区文化软实力的重要标志,也是泰州在中国众多城市中地灵人杰、人文底蕴深厚的独特体现,为泰州在国内外赢得了广泛的美誉度和知名度。泰州学派文化以其特有的精神气质深深浸润着泰州城市文明的血脉,塑造和凝聚着泰州"尚德、创新、包容、务实"的城市精神。而泰州学派的文化精神既深深影响和激励着泰州人民在创新中发展,在发展中创新,又是泰州沟通世界、世界了解泰州的精神纽带。深入挖掘和利用泰州地区丰厚的历史文化资源,努力彰显泰州学派富有城市个性的特色文化品牌,打造强大的城市精神和文明力量,进一步增强文化自信和价值观自信,着力增强城市文化的凝聚力和引领力,提升泰州城市的人文素养与精神境界,加速实现文化名城、医药名城、生态名城和康泰之州、富泰之州、祥泰之州的奋斗目标,是历史赋予我们当代泰州人的重要使命。

（作者为中共泰州市委常委、宣传部部长）

第一章

灵秀水城开思想启蒙之先

在中国思想史上，尽管学派纷呈、百家争鸣，但以一个区域名称命名一个学派却是十分罕见的。"泰州学派"，恰恰就是这样的十分罕见者。泰州这片古老而又神奇的土地，孕育着泰州人民的智慧和创造，流淌着独特的地域文化血脉，丰富着中华民族深厚的文化个性。毫无疑问，泰州学派是诞生在这方宝地上最华美的乐章之一。

第一节　经济发展推动社会前行

泰州地处江苏省中部，位于全省地理中心，东近黄海，南临长江，西邻大运河，北部为里下河，是一座有着 2100 多年建城史的国家历史文化名城，素有"汉唐古郡、淮海名区"的美誉。

自古以来，泰州就一直是区域政治、经济、文化和交通中心。在沧海桑田的历史变迁中，泰州西汉置县，东晋置郡，南唐建州，富庶太平。当今的泰州，既传承优秀的历史文化，又置身灿烂的现代文明，是国家历史文化名城、国家卫生城市、国家园林城市、国家环保模范城市、中国优秀旅游城市、全国双拥模范城市和国家文明城市。

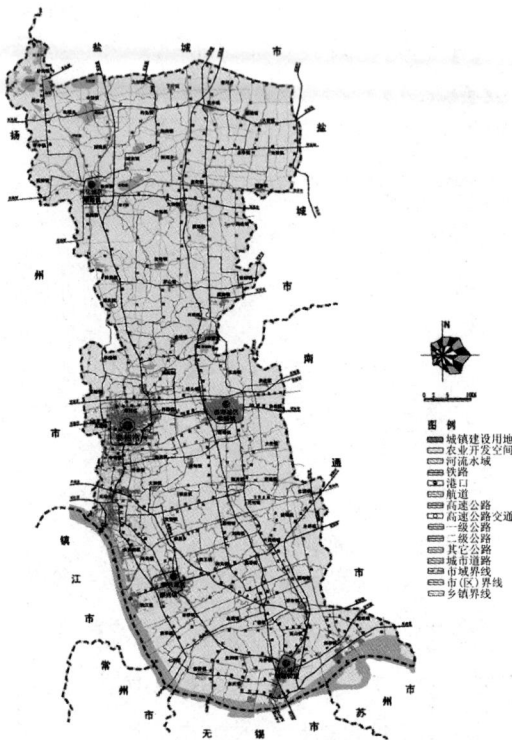

图 1-1　泰州区位图

一、"汉唐古郡"的城市区域演变

　　远古时期,泰州地区是一片茫茫的海域。大约在公元前 5000 年前后,大海东退,大江裹挟着泥沙奔腾而下,在浅海处堆积成各种滩涂和大小不一的沙州。在温暖湿润的气候下,成群的麋鹿在这里自在地憩息着,文明的曙光映照在泰州的大地上。现今泰州博物馆中保存的世界上唯一完整的雄性麋鹿化石,出土于泰州市南郊。1986 年,泰州北郊热电站工地出土的麋鹿角化石,经碳 14 测定为 6930±95 年。

　　公元前 4000 年前后,古扬泰岗地逐渐形成。泰州的南部慢慢地发育成为长江三角洲冲积平原,而北部则积淀成为里下河沉积平原。由此,泰州最早的先民——青墩人开始生息繁衍，江海文明从此拉开序幕。现存青墩遗址中的盐生藜科植物，经碳14测定为5645年±110年。青墩人居住在向阳的高墩之上，他们使用石器工具，靠采集果实和捕鱼狩猎为生，形成了泰州最早的文明。而在兴化市林湖乡发现的"南荡文化遗存"，距今约6000—5500年，属于江淮东部的新石器时代文明。从目前遗存中的影头山遗址已出土的文物情况看，当时的影头山人已开始制作陶器如陶鼎、陶斧等，除了使用石制工具外，还使用骨耜角锄进行农业生产，并进行水稻的种植。所有这些，都充分说明了泰州史前文明的辉煌。

公元前3000年前后，随着黄海海水的日渐东退，泰州地区开始成陆。成陆后的泰州，生存环境不断优化，人口不断增长，经济不断发展。距今约4000年的姜堰区单塘河遗址，从已出土的文物分析，泰州地区的农业经济已较发达，并呈现来自江南的良渚文化特征。距单塘河遗址不远的天目山古城位于古长江水道、古海岸线进退变迁的区域内，是春秋早期乃至西周晚期吴国向往中原、向北发展要道中的一座城堡，是江苏省在长江以北发掘最早的商周城址，也是目前江淮地区发现的最早古城址。经碳14测定，天目山古城遗址距今3100—2700年。据此推算，天目山古城的建城时间是在商周到春秋早期，故比吴王夫差在扬州蜀岗筑的邗城尚早200多年。

秦汉隋唐时期，泰州先后称海阳、海陵、海陵郡、吴陵、吴州等。《战国策》之五的《楚策一》中有这样一段记载："苏秦为赵合从，说楚威王曰：'楚，天下之强国也；大王，天下之贤王也。楚地西有黔中、巫郡，东有夏州、海阳，南有洞庭、苍梧，北有汾陉之塞、郇阳，地方五千里，带甲百万，车千乘，骑万匹，粟支十年，此霸王之资也。'"苏秦所称的"海阳"，指的就是现今的泰州（亦包括部分扬州）一带。海阳者，面海朝阳也。仅此命名，我们即可从中窥见古泰州城在当时统治者心中的重要价值。西汉高祖十二年（公元前195年），汉高祖刘邦的侄子刘濞被立为吴王，建都广陵，泰州在其版图之中。"濞则招致天下亡命者……煮海水为盐"，为泰州后来建县、建郡奠定了坚实的经济基础。汉武帝元狩六年（公元前117年），泰州成为以海陵为名的建置县。据班固的《汉书·地理志》载：武帝元狩六年设置临淮郡，下辖29个县，其中有海陵县。

海即大海,陵字从阜,意为高地。海陵者,海边的高地也。《大清一统志》卷六十七有云:"以其地傍海而高,故曰海陵。"三国时期,海陵县建置因为战乱一度遭废弃。东晋武帝太康元年(280年),海陵县建置恢复。南北朝时期,梁武帝天监元年(502年),设海陵郡辖海陵、建陵、宁海、如皋、临江、蒲涛、临泽七县。唐武德三年至武德七年,海陵县改称为吴陵县,并在吴陵县设置了吴州。海陵是天下粮仓,初唐四杰之一的骆宾王在他那篇《为徐敬业讨武曌檄》一文中,曾发出"海陵红粟,仓储之积靡穷"的赞叹。

五代十国时期,海陵先属吴国。由于泰州早有"粮仓"声名,又为江淮要地,更兼多有盐场,其所征赋税成为当时杨吴政权十分重要的经济来源。而且海陵又紧临广陵,所以汉时刘濞在受封吴王不久就在海陵修建行宫,时常前来视察。937年,吴国国号改为唐后不久(南唐昇元元年),海陵县即被升为泰州(取"国泰民安"之意)。泰州下辖海陵、泰兴、盐城、兴化四县。昇元十年(952年),又分海陵县如皋场增置如皋县。海陵县为泰州的州治所在地。此段历史《南唐书》卷一有详细记载。自此,无论行政区划怎么变动,泰州之名一直沿用至今。

1992年,时任全国政协副主席、中国佛教协会会长、中国佛学院院长、中国宗教和平委员会主席、中国书法家协会副主席等职的赵朴初先生为古光孝寺的成功修复亲临泰州。在泰州,赵朴初先生挥毫写下一首《踏莎行》。寥寥几笔,勾画出泰州人杰地灵的人文风貌;短短几句,概述了泰州物华天宝的辉煌历史。照录如下:

> 州建南唐,文昌北宋,名城名宦交相重。月华如练旧亭台,清词范晏人争诵。
>
> 朗润明珠,翩仙彩凤,梅郎合受千秋供。重光殿宇古招提,放翁大笔今堪用。

图1-2　光孝寺中的赵朴初撰词书法立碑

　　北宋时期,宋太宗分全国为15路。泰州隶属淮南路,辖海陵等五个县。到太平兴国二年(977年)盐城改属楚州后,泰州辖海陵、兴化、泰兴、如皋等四个县。南宋时期,泰州为军事州,属淮南东路,所辖县多有变动。

　　元代,元世祖设置泰州路,先属淮东道,后一度属江淮行省,再后仍改为泰州,辖海陵、如皋两县。

　　明代,泰州隶属扬州府,辖如皋县。洪武元年(1368年),因朱元璋首先看到淮南盐场中泰州盐场对朝廷赋税的重要地位,将两淮都转运盐使司设立在泰州,下辖泰州、通州、淮安三个分司。

　　清代,泰州仍属扬州府,辖如皋县。但到雍正三年(1725年),如皋县改属通州后,泰州成为散州。此后,直至清朝结束,未再辖县。

　　中华民国元年(1911年),泰州改称泰县,此后所管辖地域时有变化。

　　1949年1月22日,泰州城区解放,次日划城区设置泰州市,乡村设置泰县。同年4月21日,苏北行政公署于泰州成立,下辖泰州、扬州、盐城、淮阴、南通5个行政区,41个县市。同年5月1日,原华中第一行政区改称苏北泰州行政区。泰州行政区辖泰州市、泰兴县、靖江县、泰县、海安县、如皋县、东台县、台北县(今盐城市大丰县)等市县,专署驻姜堰镇。1950年1月11日,泰州、扬州两行政区合并为泰州行政区,下辖泰州、扬州、泰县、泰兴、靖江、江都、高邮、宝应、兴化、六合、仪征等 11 个市、县,专署驻泰州。1953 年 2 月,泰州专员公署改为扬州地区。此后,泰州市辖域亦多有变动,1985 年成为全省仅有的两个计划单列市之一。

1996 年 8 月 12 日,经国务院批准,调整扬州市行政区划,实行"扬泰分设",组建地级泰州市,辖海陵区、靖江市、泰兴市、姜堰市、兴化市。1997 年 4 月,组建高港区。2012 年 12 月 17 日,经国务院批准,县级姜堰市新建为姜堰区,至此泰州市下辖海陵区、高港区、姜堰区、靖江市、泰兴市、兴化市三区三市。现泰州全域总面积 5797 平方公里,其中水域面积为 1003 平方公里。2014 年,全市户籍人口 508 万人。

二、"淮海名区"的社会盐业经济发展

历史上的泰州,既是重要的产盐大区,又是盐运的咽喉之地。从汉代开始直至民国,盐业经济成为城市发展的重要命脉。

古泰州地区位于江淮沿海之间,黄海取之不尽的海水资源,为"煮海水为盐"提供了充足的原材料;广阔海滩上生长的大量芦苇柴草,为煮盐提供了充足的燃料;里下河平原上稠密的水网为盐运提供了得天独厚的舟楫之利。因此,古泰州成为"煮海水为盐"的最佳场所。

淮盐,因产地而得名,其产地位于今江苏省沿海地区,同时以淮河为界,淮河以北为淮北盐场,淮河以南为淮南盐场,是中国古代四大海盐产区之一。

古泰州地区产盐的记载,最早可追溯到秦。汉代刘向在《说苑·臣术》中记载:秦穆公派人到楚国地界的产盐地贩盐至秦。按时间推算,这里所指的地域只能是古海阳和盐渎(古县名,今盐城市)一线,因为当时这一地段正属楚地。

最早提及吴地产盐,当首推司马迁在《史记·货殖列传》中的一段重要记载:"彭城以东,东海、吴、广陵,此东楚也……夫自阖庐、春申、王濞三人招致天下喜游子弟,东有海盐之饶,亦江东一都会也。"在这里,司马迁对地属吴的

广陵产盐做了明确交代，而产盐的海陵一带当时属广陵治下。王莽篡汉后，改海陵为盐场的同义词"亭间"，干脆直接把海陵称之为盐场了，时间长达33年（公元9年至42年）。光武帝建武十八年，复改亭间为海陵。

据《史记·货殖列传》的记载，公元前514年，吴王阖闾、春申、已滇等已在江苏沿海开始"东煮海水为盐"。又据《吴王濞列传》记载，"吴王濞者，高帝兄刘仲之子也。……吴有豫章郡铜山，濞则招致天下亡命者盗铸钱，煮海水为盐，以故无赋，国用富饶。"这里是说，吴王刘濞是汉高祖刘邦的侄子……吴国拥有豫章郡的铜矿山，刘濞召集天下游手好闲、不务正业的人到六合冶山开采铜矿铸造钱币，到黄海边用海水煮成食盐，以至于当时的吴国虽然不征赋税，但仍然很富足。据此记载，泰州地区的煮盐历史至少有2200多年，虽与山东沿海的煮盐历史相比晚了数百年，但由于两淮盐业此后一直是我国盐业的主体，而淮盐的主体部分则是淮南大盐场，因此奠定了泰州盐业经济在全国的突出地位。

为了把古泰州盐场的海盐迅速运往扬州，然后销往不产盐的国家和地区以此牟利，吴王刘濞下令开挖了从扬州朱茰湾东通海陵仓至泰州至蟠溪（今为如皋市陈汤家湾）的吴王沟，用于专门运盐。河挖成后，海边煮出的盐源源不断地从泰州盐场运往扬州，然后通过邗沟北上或南下运往全国各地。同时，这条河又把邗沟的淡水送到了海边，给沿海的人们带来福音，他们的生产与生活水平大为提高。由于当时河面上的来往船只多是运盐的官船，所以这条河又被称为"官河"或"运盐河"，也就是现在的老通扬运河。这条河的开挖也有力地促进了古海陵的发展，使其从西汉时起就开始沿着水路走向了全国。据《中国盐政词典》述："淮南盐行销鄂、湘、西、皖四纲岸。鄂岸者为武昌等三十一县，湘岸者为长沙、岳州等五十六县，西岸者为南昌等五十七县，皖岸者为怀宁、芜湖等三十一县，加上与其他盐区并销的计有数百个县，淮南盐行销之广，可谓纵横数千里，户及亿万家……运转半天下焉。"

唐文宗开成三年（838年），日本国圆仁和尚到扬州学习佛法，一路所见令他惊讶不已。回国后，他在《入唐求法巡礼行记》卷一中描述说："盐官船运盐，或三四船，或四五船，双结续编，不绝数十里，相随而行，乍见难记，甚为大奇。"

元末之前,泰州盐场生产的海盐一部分由东从串场河、古运盐河经泰州向西运往扬州,一部分在里下河地区沿卤汀河、稻河进入泰州护城河,然后经中市河进入古运盐河悉数运往扬州。元至正二十五年(1365年),朱元璋派大将徐达自江南攻打泰州。出于战争的需要,徐达派人开挖了从长江口(今口岸)直达泰州南门的济川河。自此,长江水从正南方向直接进入泰州护城河。但由于长江水系水位比淮河水系水位高0.8米左右,二者之间的水位落差给泰州的水上交通运输带来极大困难,也使里下河地区经常被淹。因此,在明洪武二十五年(1392年),泰州在护城河北岸的稻河、草河、老东河上分别筑了西坝、东坝和鲍坝,把长江水系和淮河水系通过闸坝巧妙地融合在一起。虽然仍有一定的落差,但经过人工调节,水上运输已无太大影响。这样,盐场的盐船到达稻河后,便可在坝口将盐包翻坝后进入护城河,然后经中市河到税务桥附近的课税局缴税后出南水关运往扬州,大为方便了从安徽、湖北等地的盐船直接到泰州运盐。由此,泰州四方商贾云集,北门盐铺异常繁华,进而成为海盐的重要集散地。

清道光《泰州志》记载,泰州有西、南、北三条运河,都是运盐河。西运河即为吴王沟,因明清之际泰州盐场称上十场,故又称为上运盐官河、上官河、上河等,由扬州茱萸湾东通泰州蟠溪产盐地,长达一百五十华里,这条河现称老通扬运河。南运河自城南经南门高桥转弯向东,抵如皋及通州的各盐场入海。北运河"由赵公桥接扬公堤西捍海堰至东台城一带入东台串场河"通十二盐场,故又名泰东河、下河。千年流淌不息的数条运盐河,见证了泰州盐业经济的繁华和变化。

食盐是人类赖以生存、繁衍的生活必需品,又是紧俏物资,所以自古以来一直由官府生产和调配。泰州盐场海盐资源极为丰富,以泰州为中心的淮南大盐场,在当时是两淮盐业的集中产地。唐代安史之乱后,泰州海陵盐监年产盐量在全国盐产区中最高。据《新唐书·食货志》《元和郡县志》记载,全国海盐生产区共四场十监,海陵监的年产量为60万石,是十监中产量最高者。时人称"鱼盐之殷,舳舻之富,海陵所入也"。宋建隆元年(960年),泰州盐丁每丁年纳盐税约1000斤。据《中国盐业史》古代篇的记载,淮东泰州海陵监亭户在宋初的"丁额盐"指标,是每丁每年煎正盐35石,折平盐105石。"每正盐一斤,纳税一斗(古时一石为十斗,一斗为12.5斤)",共煎额盐5425石。按每家每亭户"两丁"计,淮东亭户的年煎盐生产定额约10000斤左右。宋绍兴元年(1131年)泰州梁家垛新建盐场,仅此一盐场设置11灶。每灶之下,约20户左右,每户年生产盐约9090斤。明代两淮盐场共29个,主要产量集中在泰州所在的中十场。据《食货志》的统计,当时全国七大盐产区,洪武时产盐95万大引(每包400斤),两淮占36.8%;弘治时产盐178万小引(每包200斤),两淮占39.5%。

延续至清代中期,泰州盐业生产仍在全国占据重要地位。据《两淮盐法志》记载,嘉庆七年至立统三年110年间的四次统计,两淮共产盐84.6万吨,其中泰州中十场产盐49.7万吨,占两淮总产量的58%。据清代《两淮23盐场产盐统计表》,泰州分司辖区内有盐场11处,煮盐灶丁人数占两淮盐场总人数的73.66%;卤池17036口,占总表数54.2%;亭场17932处,占总表数的76.6%。又据《江苏省盐业志》统计,光绪十七年(1891年)两淮各盐场课岁白银8.4万两,其中海州分司、通州分司和泰州分司分别占14%、24.5%和61.4%。

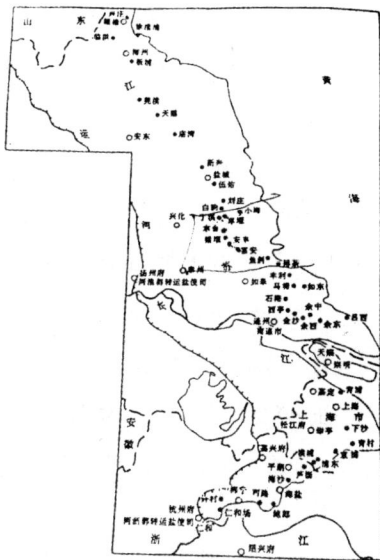

图1-3　明两淮盐场分布图

取之不尽的滩涂资源,成熟的"煮海"技术,很快使泰州作为全国最大海盐生产地区的优势凸现出来。从南北朝时期的南朝宋文帝元嘉二年(425年)开始,朝廷在泰州征收盐税。南唐时,在泰州设有盐铁两监都院使。唐乾元元年(758年),朝廷在海陵设立盐监。

北宋初,泰州设立海陵盐监,加强对盐业生产、收购乃至支发等的管理。后来,盐监演化为催煎盐、买纳场和支盐仓。到宋徽宗时,由于盐商的待遇好,因而越来越多的商贾富豪涌向淮东盐仓场。在中国盐业专卖史上,"泰州盐仓场一年内支发'客请盐及四十万袋',创一仓支盐一亿两千万斤的最高纪录"。《元史》卷一七〇《郝彬传》中称:"国家经费,盐利居十之八,而两淮独当天下之半。"由于盐税在中央财政中占据了主要地位,泰州海盐产量居全国首位,因此唐宋时期各代君主都非常重视泰州的盐税,以泰州为中心调控全国的食盐生产,使泰州成为全国盐业的核心。2001 年,泰州在税东街与海陵路交叉路口建起"古税务街"牌坊,其右侧的楹联为"溯唐宋赋源,盐税曾居天下半",描述了古泰州大盐场辉煌的历史。

明朝朱元璋建国后,进一步认识到泰州盐场对国家赋税的重要,于洪武元年(1368 年)将两淮都转运盐使司设在泰州,下辖泰州、通州、淮安三个分司。泰州分司下设富安场、拼茶场、安丰场、角斜场、梁垛场、东台场、何垛场、小海场、草堰场、丁溪场等十个盐课司。据嘉靖《惟场志》卷九的相关统计,当时灶户数达到 4712 户,灶丁人数为 10314 人。泰州分司的十个盐课司,又称"中十场",被誉为"东南泉府",即国家的钱库。清康熙重修的《淮南中十场志》中说:"寓内之产盐省会凡八,而两淮为最,两淮产盐之区凡三十,而中十场为最,是中十场者,东南之泉府,而朝廷委输积贮之数也。"

明代的盐课收入,占到国家财政收入的一半。而所收两淮的盐课额,明嘉靖《两淮盐法志》记载,两淮盐赋,实居天下诸司之半。淮南泰州大盐场占据了半壁江山。清嘉庆《两淮盐法志》称:"煮海之利,重于东南,两淮为最。"《泰州重展筑子城记》碑文上说"咸鹾赡溢,职赋殷繁,可谓水陆要津,咽喉剧郡,以兹升建"。盐赋的丰盛,经济地位的重要,成为一千多年前泰州城市升格的决定性因素。

清朝顺治年间,为杜绝盐场私盐,朝廷在泰州设置了泰坝监掣署,对泰州及通州所属各盐场的盐船进行检查。泰坝监掣署初设时,官员船上办公,并无衙署。雍正十二年(1734 年),高凤翰接任泰坝监掣官。这位后来成为扬州八怪之一的重要人物,在泰州北门外西仓大街(今大浦小学路西)建造了规模宏大的泰州监掣署衙门,有房屋 51 间。乾隆年间,两江总督正式请给泰坝监掣署"淮南监掣泰坝官"关防大印,泰坝监掣署成为泰坝衙门,"泰坝"后来成了泰州的代名词。

据《两淮盐法志》和"泰坝过掣图",时泰州城中各地标有"浦"的地方均为官盐收购场所,遍布市内城南、城北,有马浦、仓浦、板浦、棋杆浦、门楼浦、三房浦、霞浦、大浦、郁浦、南浦、西浦、石浦等十多处。盐浦之多,在全国所有城市中绝无仅有。

清道光年间,林则徐任江苏巡抚,在主政江苏任内两次到泰州巡查赋税情况。道光十五年(1835年),为了禁止泰州滕坝、鲍坝绕越偷漏税收,林则徐专门在滕坝前立了一块"税务告示碑",既告诫运司衙门、课税局规范征稽盐税、不准欺压商民,又警示盐商照章纳税,不得偷漏关税。这块碑是中国税史上唯一留下的碑,是异常珍贵的清代税史实物,佐证了泰州盐业经济的繁荣。

图1-4　林则徐立的税务碑亭

从西汉至唐宋年间,泰州地区所产盐史称"吴盐",这是因为唐高祖武德三年(620年),海陵县曾易名吴陵县、以县置吴州而得名。翻阅唐诗,李白、杜甫和白居易等大诗人对泰州淮南地区"吴盐"产量之巨、行销之广、质量之优的盛名均有形象描写。

泰州西溪盐监曾有三位任过盐官的人,后成为名倾北宋的宰相,还有一位随父执官任在此读书的少年,后来也成为北宋名相。这四人分别是晏殊(991—1055年)、吕夷简(978—1043年)、范仲淹(989—1052年)、富弼(1004—1083年)。特别是范仲淹在泰州任盐官和兴化县令期间,勤政为民,修捍海堰,后世称之为"范公堤"。

南宋建炎四年(1130年),民族英雄岳飞来泰州驻守抗金,任通泰镇抚使兼任泰州知州,用现在的话说,即通泰警备司令兼泰州市市长。岳飞深受泰州人民的崇敬和爱戴,为纪念他,泰州人在城中最高处的泰山之巅建岳武穆祠,后又把泰山称为"岳墩"或"岳阜"。

南宋恭帝德祐二年(1276年),泰州知州孙虎臣、扬州淮东节度使李庭芝及部属通州副都统姜才三人,先后在泰州因抗元殉职。为纪念三人之功绩,泰州人民在城南的莲花池畔专门建筑"三忠祠"祭祀。抗战期间,日伪占据泰州,三忠祠渐渐湮没。地级泰州市成立后,泰州水利部门在"国家水利风景区"的凤凰河北端建莲塘,并竖"碧血莲池"石碑,又在引凤路上筑建"三忠桥"一座。

近代,清末到民国年间,海盐生产格局发生巨大变化。数百年的黄河夺淮,大量泥沙使海岸线以年均40至70米的速度快速东移。清末民初,泰州城区已远离海岸线50余公里。自此,泰州地区得天独厚的滩涂资源不复存在,加之民国元年南京临时政府成立后对淮南盐区的结构进行调整,产盐区北移,自此泰州逐渐退出盐业经济的历史舞台。但是,泰州作为南北货运的门户与粮食集散中心并未变化,泰坝仍然运输繁忙,泰州的市场仍是商品丰富、商贾云集,一片繁荣景象。

三、商品经济发展促进市民阶层出现

明代中期，由于耕作技术的进步，农业生产水平不断提高。从明末徐光启《农政全书》的记载看，当时的农业种植在耕耘、选种、灌溉、施肥、园艺等各方面都有了丰富的经验，产量也得到提高。在农业进步的同时，手工业也有了很大发展。广东佛山、山西阳城、福建尤溪，先后出现了规模较大的冶铁、铸铁业。以景德镇为中心的制瓷业也有很大发展，如民窑的窑身往往比官窑大三到四倍，每座可烧制小器达千余件，而官窑的容烧量仅有三百件。景德镇瓷器不仅产量高，而且质量好，在制瓷工艺方面取得许多新的成就。如永乐时的锥拱、脱胎，宣德时的镂空等，都是技术上的新创造。丝纺织业上的进步，表现在工场内的细密分工。如在苏州丝织行业中，就有车工、纱工、缎工、织工等专门的工匠。在织绸时还有打线、染色、改机、挑花等明确分工。徽州的炼铁工场中，有煽风、看火、上矿料、取矿砂、炼铸，场外有采矿、烧炭等工种，"各有其任"。精细的分工，提高了劳动生产率，增加了产量。印刷业中，铜铅活版的使用比之宋代的胶泥活版又有了创新发展。

伴随着手工业生产的进步，明代商品经济开始活跃起来。尽管自给自足的自然经济仍居统治地位，但由于生产水平的提高，小生产者有可能出卖更多的劳动产品。特别是由于统治阶级采取把田赋和力役折银征收的措施后，广大农民必须出卖更多的农副产品以换取银两，从而又促进明代的商品经济发展。随着大量的农业、手工业产品如粮食、生丝、蔗糖、烟草、绸缎、纸张、染料、油料、木材、铜器、铁器、瓷器及各种手工艺品作为商品涌进市场甚至远销海外，明中叶以后的商业资本十分活跃，全国各地出现了许多的商人和商业资本集团。如徽商、晋商、江右商、闽商、粤商、吴越商、关陕商等，其中最著名的为徽商和晋商。

商人们在全国各城市设立会馆，组织各种商帮，贸易活动已不单纯为满足王公勋戚、官僚地主奢侈生活的需要，而是更多地贩卖手工业原料、粮食和劳动人民的生活用品等。

图 1-5　泰州多儿巷 1 号

　　随着商品生产和交换的日益发展,明代社会若干手工业部门中出现了资本主义萌芽。其中,以江南丝、棉纺织业表现得最为明显。江南苏、杭一带有大批从事丝织业的民间机户,这些机户一方面被编为"机籍"即匠籍,受属于官府的织染局的役使和剥削;另一方面又与市场联系密切,直接组织商品化生产。如成化末期,杭州仁和县有一名叫张毅庵的机户自行组织生产,织机从一张发展到二十多张。由于产品"备极精工"而人们争相购买,因此"家业大饶"。又如隆庆万历年间,苏州"大户张机为生,小户趁织为活"。有小户被大户固定雇佣,有的则没有。每天早晨,在玄妙观口聚集着没有固定雇主的小户达上百人,"大户一日之机不织则束手,小户一日不就人织则腹枵,两者相资为生久矣","机户出资,机工出力"的劳动力买卖关系,反映的是资本主义性质的雇佣劳动关系。而两极分化的结果,也使部分小生产者丧失了生产资料。如浙江温州地区的贫困家庭,因无原料,只好替人纺织,成为在自己家中为雇佣者工作的雇佣工人。在松江地区加工棉布的暑袜业中,资本主义生产关系表现得最为明显。万历以来,松江西郊暑袜店有百余家,商人直接支配生产变成了包买主,做袜为生者向暑袜店"给筹取值"成了雇佣工人。当然,明代这种处于萌芽时期的资本主义商品生产和交换关系只发生在少数地区的少数行业,带着明显的封建烙印,与资本主义成熟时期的生产关系相比不能同日而语。而且中国社会历来就有重农抑商甚至贱商的传统,在士、农、工、商的四民等级秩序中,经商被视为"末业"而为士大夫阶层所不齿,商人始终处于较低下的社会地位。但是,随着明代农业生产商品化程度的提高,自给自足的自然经济受到严重冲击,特别是随着资本主义性质的工场手工业的兴起和发展,大量的破产农民和逃户成为手工业城镇和城市的新移户,而且多是以经商为生。这种不断壮大发展的市民阶层和资本主义雇佣关系的出现,使既往遭受鄙视的商人地位得以提高,也促使作为社会经济活动主体的人们的社会心理、价值观念发生了变化。人们的主体意识不断增强,开始关注尘世利益、关怀现世人生,开始质疑和批判儒家纲常礼教,主张人性自由与个性发展并要求人性解放和个性的自由发展。这些毫无疑问地为整个社会政治关系、经济关系、思想意识、文学艺术与科学技术等的转型变化孕育了动力。

第二节　时代风云激荡思想光辉

明代初期,明太祖朱元璋用严刑峻法和八股文限制了中国文化和科技的发展。但在经过一百多年的发展进入明代中后期时,随着整个社会商品经济的冲击和资本主义生产关系萌芽的出现,人们的个体意识在不断地觉醒,自由平等观念在不断地发展,因而反映这一社会现实的思想解放启蒙思潮应运而生,在文化、科学、思想等领域均取得斐然成就。

一、文化艺术繁荣

1. 小说鼎盛

明代的小说是在宋元话本的基础上发展而来的,并且达到很高的艺术成就,《三国演义》、《水浒传》、《西游记》是其优秀代表。罗贯中的《三国演义》是结合历史材料,在民间传说的基础上写成的。作品在描写东汉末年军阀混战和三国相争的历史画卷的同时,用浓墨重彩塑造了众多个性鲜明的人物形象,具有很强的艺术感染力,长期以来一直得到人们的喜爱。施耐庵的《水浒传》,根据民间流传的宋江起义故事进行创作,热情歌颂了以晁盖、宋江、李逵、武松、林冲等为主体的 108 个农民英雄反抗封建统治的斗争,深刻揭露了封建专制统治的残酷和黑暗,揭示了农民起义的社会根源。施耐庵为泰州兴化人,是今兴化市新垛镇施家桥一带施氏家族的一世祖。有研究者从实物史料、文字史料以及口传史料等多方面进行深入的考证后指出,施耐庵的《水浒传》是根据他参与张士诚农民起义的人生经历所创作,而且其著作中融入了大量的泰州地区方言、地形地貌等,是"写宋江事以纪吴王也"。

图 1-6　兴化施耐庵陵园

吴承恩的《西游记》,把唐初僧人玄奘不避艰险,赴西天(印度)取经的历史铺陈为神话小说。作品以丰富奇特的艺术想象、生动曲折的故事情节、栩栩如生的人物形象、幽默诙谐的语言,表现了惩恶扬善的古老主题。著于明中叶的《金瓶梅》,作者署名"兰陵笑笑生",真实姓名不可考,也是一部著名的长篇小说。《金瓶梅》以《水浒传》里的西门庆做主角，描写了这个集富商、恶霸、官僚于一身的封建恶势力代表的罪恶生涯，在揭露封建社会的黑暗的同时，在一定程度上反映了明代城市商品经济和市井生活及市民的思想意识。明代短篇小说的创作也很兴盛，"三言"、"两拍"是其代表之作。"三言"是编著者冯梦龙《喻世明言》、《警世通言》、《醒世恒言》三部短篇小说集的合称，"两拍"是作者凌濛初《初刻拍案惊奇》、《二刻拍案惊奇》两部短篇小说集的合称。

2. 戏曲享誉

在宋元南戏和金元杂剧两种不同戏曲基础上发展衍化而成传奇戏曲和杂剧，产生了许多为群众所喜闻乐见的具有进步意义的作品，如康海的《中山狼》、李开先的《宝剑记》、王世贞的《鸣凤记》、梁辰鱼的《浣纱记》和徐渭的《四声猿》等，最负盛名的是汤显祖的《牡丹亭》。《牡丹亭》通过杜丽娘和柳梦梅的神奇爱情故事，深刻鞭挞了吃人的封建礼教。值得一提的是，泰州地区随着"洪武赶散"迁移而来的大量移民，盛行于江南的戏曲——昆曲也在泰州一带流行开来。《泰州记忆》的报道"600年后，苏州人来泰认亲"中说："明初洪武赶散，昆曲由苏、杭一带传入泰州地域。在鼎盛时期，但凡仕商富户中的头面人物，无不以喜好、谙熟昆腔为荣。"[①]

3. 诗文转型

明代的诗文在文学史上虽然处在一个重要的转型期，受到文化专制主义的极大影响，但在反对台阁体冗沓文风的斗争中，先有弘治、正德年间的李梦阳、何景明为首的"前七子"，继之又有嘉靖、万历间李攀龙、王世贞为首的"后七子"雄踞文坛。同时相继出现以王慎中、归有光等的"唐宋派"和以湖广公安人袁宗道、袁宏道、袁中道三兄弟为名的"公安派"。各种流派的理论主张层出不穷，争奇斗艳，逐渐产生了以反理学、肯定人的个性和欲望为基本内容的文学新潮流。

---

① http://rwtz.t56.net/index.php。

4. 绘画繁兴

明代画风迭变，画派繁兴。在绘画的门类与题材上，传统的人物画、山水画、花鸟画非常盛行，并且文人墨戏画的梅、兰、竹以及杂画等也很发达。以至在艺术流派方面，出现了众多以地区为中心，或以风格相区别的绘画派系。如"吴门四大家"的文徵明、沈周、唐寅、仇英，广泛吸取唐、五代、宋、元诸派之长，诗书画结合，形成了各具特殊风格的绘画艺术，开创了中国绘画史上文人画的先河，也使得明代画坛呈现繁盛局面。

二、科学技术发达

明代是中国科学技术史上一个群星灿烂的高峰时期，各种科学技术成果异彩纷呈，与西方相比毫不逊色。李时珍的《本草纲目》、徐霞客的《徐霞客游记》、徐光启的《农政全书》、宋应星的《天工开物》以及《永乐大典》等，是重要的科学著作代表。

李时珍的《本草纲目》一书共分52卷，共收药物1892种，附有处方11096则，插图1000多幅，对每种药物的名称、性能、用途、制作都作了说明，并订正了历代相沿的某些错误。这部著作不仅是一部药典，也是一部集植物学、动物学、矿物学于一体的科学著作，直至今天仍有实用价值。

徐霞客的《徐霞客游记》具有很丰富的科学内容，科学记述了我国西南地区岩溶的分布、类型、成因和农业利用，还记载了苗、瑶、果罗（彝）、摩西（纳西）、壮、白等少数民族的经济、历史、地理和风俗习惯，以及村落城镇的盛衰、名胜古迹的演变等，是研究我国民族和历史地理的珍贵资料。

徐光启的《农政全书》共60卷，分12个部分，约60万字。举凡农业及与农业有关的政策、制度、措施、工具、作物特性、技术知识，等等，应有尽有。该巨著不仅总结了17世纪以前中国农业生产知识，而且融合借鉴了部分西方国家的农业知识。

宋应星的《天工开物》共3卷18篇，从农作物的种植、收割、加工，到制盐、糖、油、酒、曲和制衣、染色；从砖瓦、瓷器、纸张的生产，到五金的采冶、器具的锻铸，石灰、矾石、硫黄、煤炭的利用以及车船、朱墨、珠宝等的制作无所不载，全面而系统地总结了当时农业和手工业生产技术。

《永乐大典》全书共 22937 卷，装成 11095 册，约 3.7 亿字，辑入了明以前图书七八千种，内容包括经、史、子、集、戏剧、评话、天文、地理、医卜、农工技术以及道教、佛教等各方面的著作，是中国最大的一部类书。

可以说，明代中国社会的科学技术处于世界先进水平。对此，莱布尼茨在《中国近事》一书的序言中指出："中国这一文明古国与欧洲难分轩轾，双方处于对等的较量中。"

三、学术思想活跃

明朝初年，统治者在政治上进一步中央集权专制统治，在思想上、理论上仍然要求百姓把封建的伦理道德和秩序当作天理而去服从，但在社会实践上表现了一定的松动。洪武三年（1370 年），朱元璋恢复科举考试，程朱理学在整个思想界仍占据统治地位禁锢人们思想的同时，社会各阶层对思想的自由和社会生产力的发展表现得更为渴求。

明代中叶以后，一方面，由于封建专制统治日益腐败和对劳动人民不断压迫剥削，社会矛盾不断激化，引发严重的社会危机；另一方面，随着商品经济的进一步发展，市民阶层不断生长起来，功利主义不断地与程朱理学发生极大矛盾，削弱了它维护封建统治秩序的社会功能。在这一社会背景之下，一些有识之士纷纷思考、探索和提出解决社会问题的方案。以王阳明为代表的地主阶级思想家，从维护明王朝统治出发，提出了主观唯心论的"心学"，上承两宋理学，下启明末的思想解放运动。

王守仁（1472—1528），浙江余姚人，因其结庐会稽山阳明洞侧，故以"阳明"为号，人称阳明先生，有《王文成公全书》存世，其中《传习录》和《大学问》是其主要著作。王阳明的"心学"是作为程朱理学的对立面而出现的，他主张"心外无物"，强调"心即理"，要求人们用"心"去"致良知"，从而能够"存天理，去人欲"。他的这种思想主张，主观上是为了维护和巩固封建统治秩序，但在客观上却为人们的思想解放开辟了道路。所以,他的思想学说一经提出和传播,很快就产生了巨大的思想影响,对当时社会的人们大胆冲破程朱理学的思想束缚,促进思想解放起到了极其重要的作用。

图 1-7　泰州安定书院

　　王阳明之后,许多思想家纷纷开始冲破理学的藩篱,以主观精神与程朱理学相抗衡,反对传统的封建教条和假道学,从而一改程朱理学一统思想界的僵化局面,促进了明代社会学术思想的发展和繁荣,以至涌现了许多进步的思想学派,如东林学派、湛若水学派、止修学派、程朱理学派,以及以王廷相、吕坤为代表的反道学的唯物主义思想家等。就王学而言,在王阳明逝世之后,由于对王学理解的不同而导致学术思想观点上的分歧而出现了各个流派。黄宗羲在《明儒学案》中就把王门各派分为浙中王门、江右王门、南中王门、楚中王门、北方王门、粤闽王门等六个流派并另立"泰州学派"。可以说,明代中后期是一个学派林立、百家争鸣的学术思想繁荣发展的时代。

第三节　应运而生的平民学派

　　明代经济社会的发展深化了人们对世界的认识,丰富了人们的思想,时代风云的变幻又呼唤新的社会实践产生新的思想。在明代思想解放的时代潮流中,泰州学派应运而生。

一、冲破藩篱　引领潮流

明代前期,程朱理学居于统治地位。开国皇帝朱元璋多方启用理学家,明成祖朱棣更是通过修订四书五经、《性理大全》等限制其他的思想,从而达到强化君权、维护封建专制统治的目的。在经过多年的发展之后,明朝中后期社会的政治、经济、思想文化领域都出现了深刻的改变。特别是在思想文化领域里,阳明心学崛起以及发生分化后以泰州学派为代表的王学左派,不断打破所谓的正统思想封锁,形成了一股反对程朱理学的思想解放大潮。

泰州学派的形成,当是在嘉靖时期。作为泰州学派创始人的王艮,早在入王门前,就已经开始独立讲学。进入王门之后,王艮同时收有自己的弟子。嘉靖三年,王艮又发明了自己的"良知之学"。王阳明去世后,随着从全国各地而来师从王艮的弟子越来越多,王学的一个分支——泰州学派便自然形成了。据《王艮年谱》记载,嘉靖十六年(1537 年),王艮因"悟格物之旨"而讲学,"时有不谅先生者,谓先生自立门户"[1],王艮以"某于先师,受罔极恩,学术所系,敢不究心以报"的回答给以变相的承认。其时的山西道监察御史吴悌,高度肯定和评价王艮的思想学说是"千圣嫡派,儒者正宗"。在给皇帝的从祀疏中,他说:"世衰道微,异学蜂起,邪说横议,簧鼓世教……所赖天生圣贤(指王艮),提醒聋聩……良知格物之学,真千圣之嫡派而儒者之正宗也。"[2]

泰州学派之所以得名,源于清初著名思想家黄宗羲在《明儒学案》中对其学术地位、作用等的充分肯定。在该巨著中,他专门列出《泰州学案》,并比较详细地记载了泰州学派的弟子及其学术思想情况。在这部巨著的卷首语中,黄宗羲指出:

---

① 陈祝生等编:《王心斋全集》,卷三《年谱》,江苏教育出版社 2001 年版,第 75 页。
② 袁承业:《明儒王心斋先生全集》,1910 年,卷五《奏疏类编》。

　　阳明先生之学，有泰州、龙溪而风行天下，亦因泰州、龙溪而渐失其传。泰州、龙溪时时不满其师说，益启瞿昙之秘而归之师，盖跻阳明而为禅矣。然龙溪之后，力量无过于龙溪者，又得江右为之救正，故不至十分决裂。泰州之后，其人多能以赤手搏龙蛇，传至颜山农、何心隐一派，遂复非名教之所能羁络矣。……诸公掀翻天地，前不见有古人，后不见有来者。

　　黄宗羲指出，泰州学派的命名是因泰州（王艮）之名声，让人感受到泰州学派在当时的不凡气势。"龙溪"指王畿（1498—1583），是阳明心学重要分支江右学派的领军人物；"泰州"即指泰州学派创始人王艮。显然，黄宗羲把以王艮为代表的这些学人划为阳明心学一个非常重要的学术分支和具有特殊影响的重要派别，而且明确阐明王艮与王龙溪是"阳明先生之学"之所以"风行天下"的根本原因，并且从排序上确立了泰州学派作为具有领军意义思想派别的重要地位。

　　从现有研究资料的检索情况看，"泰州学派"的最早正式命名，源于当代中国著名的教育家、史学家、哲学家嵇文甫先生在1934年出版的《左派王学》著作。在该书的"王龙溪与王心斋"内容部分，嵇文甫先生指出："王学的狂者精神，他表现得最显著。在他领导下的泰州学派，把这种精神充分发挥，形成王学的极左派。"[①]可以说，嵇文甫先生提出"泰州学派"这一概念的根本原因也是因为泰州学派是王学中居于引领地位和具有显著影响的派别。

　　新中国成立后的1959年，当代中国历史学家、思想家、教育家侯外庐先生在论文《十六世纪中国的进步的哲学思潮综述》[②]中，用"泰州学派"这个名称对以王艮为代表的明代进步哲学思潮进行了评述。在其后的论述中，他直接用了"泰州学派的哲学和思想"作为第二部分的标题，并以王艮、何心隐、李贽三人为代表论证了"泰州学派的异教徒思想"。1960年，侯外庐先生又在出

---

① 嵇文甫：《左派王学》，上海开明书店1934年版，第38页。
② 《历史研究》1959年第10期。

版的《中国思想通史》第四卷(下)第二十二章之中,直接用"泰州学派的思想及其阶级性与人民性"作为标题。在该章的三节内容中,他详细地阐述了"泰州学派的创始者王艮的生平及其著作",充分肯定了"王艮的进步思想及其人民性",并论证了"泰州学派的传统"。在 1965 年出版的《中国思想史纲》著作中,侯外庐先生在"晚明进步思想的流派及其特点"一章再次论及:"在晚明的思想领域内,可以看到有三种进步的哲学和社会思潮。首先出现的是泰州学派的异端思想,以王艮、何心隐、李贽等为代表。这一学派在明代后期流传很广……"在阐述"泰州学派在晚明的传播"时,他指出"王艮所开创的泰州学派,晚明时期得到了较广泛的传播","泰州学派是中国封建社会后期的第一个启蒙学派"。侯外庐先生的这些论述,进一步肯定了泰州学派思想对明代社会的重大思想影响。

明代泰州人王艮创立的学派,因地而得名"泰州学派"。为纪念王艮和泰州学派,明万历四年(1576 年)四月,时任泰州督学的王艮"私淑弟子"耿定向倡议,由当时的海宁兵备副使程学博主持兴建了专门祭祀泰州学派创始人王艮的祠堂,取名"崇儒",以表达对宗师王艮的崇敬,并进行祭祀。古崇儒祠座落在泰州市五一路西段,千年古刹光孝寺西侧,是一座古色古香的明代建筑。

图 1-8　泰州崇儒祠"泰州一帜"图

二、平民儒学　独树一帜

当代中国哲学家、哲学史家张岱年先生在 1986 年发给泰州学派学术思想讨论会的贺信中指出："泰州学派是中国思想史上的一个独特的学派"①。泰州学派的独特之处，主要体现在：

泰州学派是一个由具有独特见解的平民思想家群体组成的学派。学派创始人王艮是一个独特的平民思想家。在师从王守仁之前，王艮就有自己的独立见解。拜王阳明为师后，在师承"良知说""简易直截，予所莫及"的同时，"时时不满其师说"，敢于坚持自己的观点，而且注重"自得"，"往往驾师说之上，持论益高远"。② 王艮的思想，用现在的话说就是强调个人的主体能动作用。他立身社会底层，提出"百姓日用即道说"，从百姓生存是国家稳定和社会发展的角度出发，提出统治者要满足广大人民群众的"日用"人欲需求，宣称"圣人经世，只是家常事"。这是对当时理学所谓"存天理去人欲"的一种公然对抗。他以"大人造命"的宏伟气魄，宣称要"以天地万物依于己，故出则必为帝者师，处则必为天下万世师"去教化天下之人，追求实现"人人君子，比屋可封"，即"每个人都是君子一样的人，每户家庭都可以得到封赏"的理想社会。他多次拒绝当官，一生坚持从事教育事业，以至"四方众游者日众"。王阳明病逝后，他回到家乡安丰场讲学，布道泰州，正式创立泰州学派，成为阳明心学衍生七支中最为重要和突出的一支。

泰州学派的弟子们都是有自己的独立思想见解的人。族弟王栋，作为王艮平民儒学思想的继承与光大者，发展了王艮"为天地立心、为生民立命"的社会改造理想，提出要在"出"之中"行经世之志"，在"处"之中"镕铸天下"，从而"将乾坤世界重新镕铸一番"。③ 为此，他把王艮的"淮南格物"论与王阳明的"良知学""合而一之"，提出了"诚意修身论"，指出作为君子之道的最高境

---

①　陆镇余主编：《泰州学派学术讨论会纪念论文集》，第 14 页。
②　张廷玉等撰：《明史》卷二八三《王艮传》，中华书局 1974 年版，第 7275 页。
③　陈祝生等编：《王心斋全集》，《会语正集》，第 159 页。

界应是"淡而不厌"，说："君子之道，淡而不厌，惟淡然后不厌。"他还把王艮的"百姓日用即道说"推向极致，形成了"日用良知说"。王艮的儿子王襞在其父自然人性思想观点的基础上，提出了自己的"自然人性论"等思想见解。其他弟子如颜钧、何心隐、罗汝芳、李贽等，都提出了自己独立的思想主张。特别是作为"异端之尤"的李贽，不"以孔子之是非为是非"，提出"穿衣吃饭，即人伦物理"①的著名思想命题，主张人的个性解放和思想自由，并用"绝假纯真"之"童心"反对封建的假道学，反对当时文坛的颓废之风。泰州学派弟子们的种种独特思想主张，在当时社会产生了很大的震撼作用。

　　泰州学派是一个崛起于社会底层的全国性平民儒学派。创始人王艮是早年就身处社会最底层的灶丁，后因贩盐而逐渐富裕起来，开始发愤读书而学有所成。在从学王守仁后，学问越来越高而终成一代宗师。虽然泰州学派的人员比较复杂，既有来自上层社会的封建官员，如一传弟子徐樾曾任云南左布政使，族弟王栋先后当过县训导、教谕、州学正，罗汝芳曾任过知县、刑部主事、知府、参政等，但更多的是来自下层的普通百姓，如朱恕是樵夫、韩贞是制陶匠、夏廷美是一介农夫等。可以说，泰州学派的成员中，从牧童樵竖、织妇耕夫、公门健将、市井少年、行商坐贾乃至衣冠大盗等应有尽有。这些来自全国各地、职业五花八门的弟子们，对泰州学派的思想扩散起到很大的作用。可以说，正是由于普通平民弟子在全国各地到处讲学，用广大的人民群众能够接受的通俗易懂的话语把儒学从属于经生文士之学真正变成了"愚夫愚妇与之能行"的"百姓日用之学"即平民儒学，从而使得泰州学派的学术思想星火燎原到中国大地，以至有袁承业统计的"下传五代弟子四百八十七人"之多，这还是没有统计完全的结果。如此盛况，在中国思想史上是极其少见的。

　　泰州学派是一个极具思想启蒙性质的学派。明嘉靖、万历之际，随着商品经济的繁荣、资本主义生产关系的萌芽和社会风尚的变迁，社会思想领域也相应地发生了巨大的变化。程朱理学的陈腐僵化教条，越来越不适应当时社会人们的心理需要，因此也就逐渐失去了笼络和控制思想界的力量。在这

---

①　李贽:《李贽文集》,《焚书》之《答邓石阳》,第19页。

样的背景下,生动活泼、不以圣贤经书和理学教条为是非善恶标准的阳明心学很快地成为人们冲破程朱理学思想禁锢的理论武器。泰州学派创始人王艮一方面继承了王阳明的思想,另一方面又对阳明学进行了创造性的改造发挥,使得居学术殿堂的高深儒学走下神坛,走进民间,走入百姓心中,形成了以他为首的"淮南三王"(王艮、王栋、王襞),后经颜均、罗汝芳、何心隐等的发展,至李贽发展到顶峰阶段,再其后又有汤显祖、袁宏道、徐光启等进一步拓展学派思想领域,从而形成晚明科学和文艺启蒙思潮的独特学派。

泰州学派诸贤敢于冲破传统儒学的思想束缚,表现了强烈的追求个性解放和发展自由经济的要求,特别是创始人王艮"以身为本"的"安身立本说"、"淮南格物论"以及以"百姓日用即道"为核心的"百姓日用之学",强调个人的主体作用和欲望满足,在社会上、思想界产生了极大的震动和影响。其后的弟子们更是把他的思想发扬光大,影响遍及全国进而向海内外传播和扩散,泰州学派历来就被认为是"中国学术史上第一个具有早期资本主义启蒙思想"的哲学学派。

三、承启心学　别开生面

作为宋明理学的重要代表人物之一的王阳明,是明代著名的思想家、文学家、哲学家和军事家,是陆王心学的集大成者。他开创的"心学"理论,把个人的"心"和心的"良知"看成"天地万物"的主宰,提出"心即理"、"心外无理"的思想主张,认为人如果有了私欲,就要通过"格物"的方法也就是"内心反省"的方法去"致良知",进而做到"知行合一"。这样的话,才能"明明德"而达到"至善"的境界。

泰州学派的创始人王艮比王守仁小11岁,在拜王守仁为师之前,已有了自己独立的学术思想见解。从学王阳明门下的八年时间,王艮受到阳明心学的思想影响,但又常常不满意老师的某些思想观点而敢于大胆地突破老师的条条框框而"别立新解"。他广泛开展讲学传道活动,后来回到家乡泰州安丰场后更形成事实上的自立门户,成为中国哲学史上别具一格的平民儒学派创始人。以王艮为代表的泰州学派对阳明心学的突破，主要体现在三个方面：

第一，本体论上的突破。王阳明主张"心为天地万物的主宰"，王艮却认为"身为天地万物之本"。"心"和"身"，虽然只有一字之异，却反映了王学是以精神性的"心"为本体的"心本论"，而王艮是以物质性的"身"为本体的"心本论"的差别。王艮把自己的"格物论"与王阳明的"良知说"相提并论，认为"王公论良知，某谈格物"。他对"格物"下的定义是："格物，知本也；立本，安身也。"又说："安身者，立天下之大本也。是故身也者，天地万物之本也。天地万物，末也。"①就是说，"格物"的目的，是要人知道什么是"本"，而人要"立本"，就是要知道什么是"安身"，因为"身"是天下万物的根本。在他看来，人与国家都是物，个人才是"本"，而天下国家只是"末"。只有人这个"本"正，天下国家"末"才能治；只有人的身安，天下国家才能"安"，才能"保"。他颠覆了传统意义上的"国本人末"观念，明白无误地告诉统治者说，如果广大平民个体之"身"这个"本"处于不安定、难以为继的"乱"的状态而想使国家和社会能够稳定，这是从来不可能的事。他的"格物论"重在强调统治者道德修养的重要性，在一定程度上反映了广大下层劳动者的愿望和要求。这与王阳明倡导心学的目的是使老百姓破除所谓的"心中贼"以维护封建统治阶级利益，牺牲广大人民群众的利益形成鲜明的对比。

王艮把百姓的个人之"身"视为实现天下和谐治理的大根"本"，要求统治者要尊重和维护百姓的生存权利。而他的"安身"，不仅是要使百姓实现生活上的"安"即能吃饱穿暖，而且要在精神上得到满足而"安心"。为此，王艮把人的"安"分为上中下三个等级，说："安其身而安其心者，上也；不安其身而安其心者，次之；不安其身又不安其心者，斯其为下矣。"从"安身立本"的理论基点出发，王艮强调维护人的尊严。把"身"和"道"都视为"至尊者"，实际上是维护和满足个人的自然本能。在此基础上，王艮提出"明哲保身"的观念。他说："明哲者，良知也。明哲保身者，良知、良能也。……"他主张人要尊身、保身、爱身，然后才能"安身立本"，做到"身尊"和"道尊"的统一。

① 《王心斋全集》卷一《语录》，第33页。

《年谱》记载了王艮写作《明哲保身论》的背景：当时一些志同道合者在官场上，因为进谏得罪了皇帝，既有被处死的，也有被降职放逐到荒远地方的。王艮认为如果一个人连性命都保不住，是不可能改变社会状况的。所以，在好友王臣（号瑶湖，时为泰州知州）北上进京面圣之际，王艮特地写此作为临别赠言。

王艮从"身"是"天地万物之主"的观念出发，提出了关涉到个人生命权的由"保身"而至"安身"的"身本论"命题。他说，能够达到最高的善的人，是能够使身体安康的人，而做到使身体平安的人，才能够立定生天生地的根本大道。……不知道爱惜自己的身体，而去做弘扬品德、教化民众之事，是没有立好治理天下国家的大根本。王艮把广大百姓的个人之"身"提到"天下之大本"的高度，空前地突出了百姓个体生命价值的重要性，这是阳明心学的民本思想内容所无法企及的，具有十分重要的人学启蒙意义。

第二，方法论上的超越。王阳明主张"吾心"就是"天理"，以自己的"心"作为衡量是非的标准，而王艮则主张"百姓日用即道"，提出"圣人之道，无异于百姓日用。凡有异者，皆谓之异端"[1]。也就是说，王艮认为成为圣人的道理在于满足百姓生活的需要，如果做不到，就不符合"道"。所以，是否满足百姓的需要，既是检验"道"正确与否的标准，也是划分"异端"和"圣道"的标准。

王阳明针对当时社会上言行不一、知行脱节的政治腐败和思想衰乱现象，提出了著名的"知行合一"思想观点。他主张通过知行合一，使人从关注外在世界回到关注自身内心的道德体验，及时克制"不善"（私欲）之念，从而时刻保持纯正的心态，避免产生不良的后果。在王阳明看来，做到知行合一的结果，就是你的"心中贼"破了，也不会去做"山中贼"了，这样封建统治秩序就得以维护，社会也就能长治久安了。

泰州学派承认人们物质欲望的合理性，反对"无欲"论。王艮在《乐学歌》中说："人心本自乐，自将私欲缚。私欲一萌时，良知还自觉。一觉便消除，人心依然乐。"意思是说，人心中有欲望是自自然然的事情，而自自然然的欲望

---

① 《王心斋全集》卷一《语录》，第10页。

才是快乐的。有私欲并不可怕,只要有内心的良知去感应到、觉察到,通过学习,提升自己的修养,克制过分的欲望,人心依然是快乐的。其子王襞在解释"人心本是乐"时,说"鸟啼花落,山峙川流,饥食渴饮,夏葛冬裘,至道无余蕴矣"(《语录遗略》),他把满足人的心理欲求看成天地之道的自然要求。颜钧认为"人之好贪财色,皆自天性"。何心隐认为满足人们对味、色、声、安逸等欲望是合乎人性的,说"性而味,性而色,性而声,性而安逸,性也",他借《孟子》中公刘与太王关爱百姓的故事,提出"与百姓同欲"的"育欲"主张。罗汝芳指出"天初生我,只是个赤子。赤子之心,浑然天理",并提出人无贵贱贤愚,都以形色天性而为日用。李贽则提出了"穿衣吃饭即人伦物理"的思想命题。正是从这种人心本体是自然的物质观念出发,泰州学派大胆肯定人的物质欲望,指出这是出于人的天性的要求,因而是对宋明理学家"存天理,灭人欲"伦理说教的否定。

王艮认为,当时社会"天下无道",而责任则是在封建统治者身上。他在对学生的讲学中多次举例说,周文王治理国家时非常小心谨慎,对待百姓如同对待生病的人一样同情抚慰,望见了"道"却像没有看见一样又总是在不断追求,这种仁心仁德是我们可以感知得到的。尧舜治理国家时兢兢业业,言行也恰到好处,他们以解除天下百姓的贫困为自己的责任,这种仁心仁行也是我们可以感知到的。尧舜治理国家时,以道德的力量感化他人。老百姓都说,我过我的日子,皇帝的权力于我有什么相干啊?所以有什么样的人坐在皇位上,就有什么样的治理结果出现。尧、舜、周文王都是历史上有名的贤明君王,王艮把他们拿出来说事,明显的是表达对当时封建统治者的不满,其思想反封建的特征在这里表现得十分明显。他实际上已把对作为统治者的君主个体的道德要求上升为服务百姓的社会责任,明显突破了自上而下的恩赐、怀柔式的传统民本思想,实现了对阳明心学的超越。由此我们可以看到,王艮是站在平民的思想立场上,服务于普通平民需要的。与阳明心学只把手电筒对着老百姓,只要平民百姓"正心"去除"私欲"而封建统治阶级却可以为所欲为的观点有着天渊之别。

第三,目的论上的明显进步。众所周知,王阳明作为统治阶级的官僚大员，他的"致良知"主张，其出发点和落脚点是维护统治阶级的统治，而王艮出身灶丁，他的学术追求和社会实践都始终立身百姓。王阳明出生在一个官宦世家，家族自称是东晋丞相王导的后裔，其父曾为明孝宗所器用，历任礼部侍郎，后又任南京吏部尚书等职。这样的家庭出身，注定了他的人生追求是出将入相。他在28岁时考中进士，后历任兵部主事、龙场驿丞、卢陵知县、江西两广巡抚，官至南京兵部尚书，并因军功而获封"新建伯"，死后谥"文成"，追封"新建侯"。王阳明的一生活动，用他自己的话总结说来，主要致力于两件大事：一方面是"破山中贼"，另一方面是"破心中贼"。所谓的"破山中贼"，实际上是他代表封建统治阶级利益集团镇压人民群众的反抗起义。在他的眼中，被迫起来反抗压迫的农民是"山中贼"，因此要镇压和斩杀。而事实上，他也就在一次次的严厉镇压中获得所谓的"事功"而得到最高统治者的认可不断升迁，最终封侯。所谓的"破心中贼"，是他在镇压人民群众反抗的过程中，感到要消除产生叛乱的根源——人内心的"欲"望是很难的。因此，他在给学生的信中发出感叹"破山中贼易，破心中贼难"。对于王阳明来说，圣人与平民百姓是有区别的，只有圣人才能"致良知"，普通的百姓是不可能做到的。他说："唯圣人能致良知，愚夫愚妇不能致，此圣愚所由分也。"这也就是告诉普通的平民百姓，你先天就不是成圣成贤的料，再努力也白搭，所以你要放弃幻想，甘心当顺民，顺从封建统治者的要求。可见，王阳明倡导"心学"的根本目的，同样只是作为维护统治者利益的一种思想手段。

而王艮则不一样，他出生在一个贫困的灶丁家庭，其父虽任百夫长，但实质也只是个组织烧制食盐的小小的平头百姓，不仅要承担烧盐任务，还要承担各种赋役差使。家庭的贫困，使得王艮从小就支撑起生活的重担。他11岁时，就承担起家务活的担子，19岁时，不得不去通过贩卖私盐讨生活。在当时，贩卖私盐是犯法的，《明律》明文规定："贩卖私盐者罪至死，伪造引着如之"，"凡私煎货卖者，绞"。冒着被抓被杀的风险而贩卖私盐，这种痛苦的生活经历，迫使他在不断地思考如何改变穷苦百姓的社会境遇。由《年谱》记载得知，王艮25岁贩盐经过山东曲阜的孔庙，"谒孔圣及颜曾思孟诸庙，瞻拜感激，奋然有任道之志"。一个社会地位极其低下的灶丁、私盐贩运者，看到孔孟等先师为人顶礼膜拜，内心产生了巨大的震撼。于是，他有了效仿孔孟等而改变自身以及社会的远大志向。与王阳明的主张"致良知"不同，王艮主张"良知致"。他把"百姓"放在和"圣人"相同的地位，说"百姓日用条理处，即是圣人之条理处。圣人知，便不失；百姓不知，便会失"①。认为圣人和百姓的区别，就在于"知"与"不知"上。因此，他认为，普通人经过学习，也能成贤成圣。他还以孔子为例说："孔子虽天生圣人，亦必当学《诗》，学《礼》，学《易》，逐段研磨，乃得明彻之至。"②所以，他说："愚夫愚妇与之能行，便是道。"他甚至还说："满街都是圣人"，"尧舜与途人一，圣人与凡人一"。这些论述和观点构成了王艮思想的民本主义的深厚理论根基。

王艮曾对社会政治类型作出"三种景象"的区分，即羲皇景象、三代景象、五伯（霸）景象。"羲皇"社会是他心目中最理想的社会，他在十分憧憬和向往的同时，也对"三代"圣世抱着希望，对"五伯"社会则感到深恶痛绝。在《王道论》中，他提出："夫所谓王道者，存天理，遏人欲而已矣。"这与王阳明的"去人欲"相比，明显是肯定了百姓的合理欲望。因此，他明确要求统治阶级要重德轻刑，施行仁政。他说，作为一个贤明的君主，应该体会天地的好生之心，遵循先王的仁民之政，依从人心的简单易行之理，根据祖宗留下的正大之规，顺应阴阳自然变化的趋势，以天下人的智慧来使天下得到治理。他要求统治者要予民以教养，使民安居乐业，说："刑因恶而用，恶因无教养而生，苟养之有道，教之有方，则衣食足而礼义兴，民自无恶矣，刑将安施乎？"可以说，王艮的这些思想观点，充分体现他是基于平民立场，反映社会广大基层群众的愿望和要求，维护广大劳苦大众的利益，具有明显的反对封建统治的进步意义。与王阳明基于"官"的立场"破心中贼"以实现"牧民"的思想观点存在根本的差别。

---

① 《王心斋全集》卷一《语录》，第10页。
② 《王心斋全集》卷一《语录》，第8页。

第二章 『灶丁』学术领袖王艮

泰州学派是明代中后期的一个儒学派别,又被称为"王学左派"、"平民儒学派",在中国思想史上占有十分重要的地位。泰州学派由创始人王艮及其众多一传和再传弟子等组成。王艮出身于社会地位低下的灶户家庭,经过不懈的刻苦自学、反复问学、到处讲学,终于成为"中国早期启蒙思想的先驱者"。他所开创的学派,追求"君为尧舜之君,民为尧舜之民"的伟大梦想,被称为"中国封建制社会后期第一个启蒙学派"。

第一节 灶户出身与"托天之梦"

泰州学派创始人王艮,原名银,字汝止,号心斋,泰州安丰场(今属江苏东台)人,生于明成化十九年六月十六日(1483 年 7 月 20 日),卒于明嘉靖十九年十二月八日(1541 年 1 月 2 日)。他生活在 15 世纪末和 16 世纪上半叶的中国封建社会。当时的中国封建社会已开始进入衰落期,封建统治阶级更加腐朽没落,对劳动人民的剥削和压迫更加残酷,阶级矛盾和斗争达到了白热化程度。而随着资本主义经济的开始萌芽,商品经济得到一定程度的发展,手工业者(包括"灶丁"在内)和市场的联系日益紧密,新的市民阶层出现。生活在黑暗社会生活最底层的王艮,为谋生存、求发展,不得不顽强地抗争着、思考着,终于从一个地处海滨的穷苦灶丁发展成为受人仰慕的思想家、哲学家、教育家,以至"举国趋之若狂"。

王艮的先世,原居苏州。据泰州市姜堰区王氏家族保存的《三水王氏家乘》中记载:"安丰王氏,原籍为太原郡姬姓王氏。南宋迁新安,元末迁苏州,居阊门外王家庄。明洪武七年(1374年)冬十一月,又迁东台安丰场,为灶籍也。"在其《徙居考》中,记载:"洪武七年甲寅冬十一月,命徙江南民十四万户,以实凤阳。始祖闻有徙民之命,即携其子若孙自徙江北,卜居安丰场。"在《析居分图》中,也有记载:"余始祖伯寿者,经兵燹之后,率子三人渡江而北,一占姜堰,一占安丰。"王艮的祖先王伯寿率三个儿子到江北后,分居在姜堰、安丰两地。长子国祥被编入北盛团(灶)籍,居安丰场北。老三国祯被编入南盛团(灶)籍,居安丰场南。"团"和"灶",均为淮南海滨烧盐的群体,至今那里仍有以南团、西团、新团和头灶、二灶、三灶为地名。老二国瑞为民户,居姜堰北单塘河。王艮是长子国祥之后,族弟王栋是老二国瑞之后。

从目前可查到的研究资料看,朱元璋打败在苏州称吴王的张士诚后,接受军师刘伯温的建议,把当时苏州地区的富户人家,按照一户五口之家计算,在发给一定的纹银和粮食后,调动若干条船只通过大运河送到苏北的扬州、泰州、高邮、宝应、兴化以及盐渎县(盐城)、庙湾(阜宁)、滨海等地去垦荒种地。凡是属于迁出户,都一律登记在册,从苏州一带原住地注销户籍,使之不得不去。这些人家到了离海不远的荒滩上后,插柴草为标,圈地开荒,以种植庄稼、捕鱼和烧盐为生。

《苏州市志》中的记载也印证了这一点:明初为加强国家统治,开发落后边远地区,实行戍边屯田制,先后在全国范围内进行多次大规模的人口迁徙。据洪武四年(1371年)统计,时苏州府领县64700户,190万人口。洪武五年(1372年)迁苏州阊门一带富户百姓,至苏北沿海灶区。

根据《中十场志》的记载:"安丰旧额658户,后增26户,人口1626,后增到4352人",这数百户数千人都属灶籍。灶籍成员中,有前朝罪臣或战俘及他们的后人，逼为灶籍；有曾为官者遭贬，降为灶籍；有被赶散者，谪为灶籍；有迁居此地者487人，沦为灶籍。据明《会典》载："正德十五年令各府州县囚徒，情罪深重者，不论远近，俱发本省盐场缺人锅下，依照年份煎盐，抵办逃亡灶丁课额。"

　　明代灶户的社会地位低下，简直类似囚徒。他们受着赋税和劳役的双重剥削编入灶籍的人户，只能世代"以籍为定"。为防止灶籍变化，也是为了确保盐业的正常生产，明初制定并实行了灶户编金和每五年一次的清审灶丁制度。后世历朝都视朱元璋制定的"原额"为祖制，每五年就对灶丁、荡地进行一次"清审"，"验其老壮，以为增减"，作为办盐的依据。明政府规定，每丁每年应纳盐课16引（注：引有大引、小引之分，大引为300斤，小引为200斤），按引配荡，每引配煎草荡以草荡质量分等派给，由六亩六分至二十七亩不等。到明万历四十七年（1619年）时，改输盐为征课，谓之折价。每引征银二钱，每丁每年就须交纳现银二两，使得广大盐民的赋税负担十分沉重。

　　明代盐业生产组织十分严密。从通州吕四港到海州连云港共有30个盐场，分别按上、中、下三场由通州分司、泰州分司、海州分司管辖。其时泰州分司管辖的中场盐场中，除了有场署官员管理，又设大使，再下设总催、盐课。总催、盐课与大使平级，大使、总催负责管理灶籍生产盐，而盐课负责督征盐税。总催下设团，团下设总（中十场共有十八总），总下设灶。每十人户设一个灶长，十个灶设一个百夫长，归大使管理。场署还设巡警司，对盐业生产进行严格的管理与控制。

　　按明代盐法规定，灶丁必须"聚团公煎"，即在团舍或灶舍由三四个人共用一个盘铁煎盐，每人每天必须煎出13斤的盐。明代的产盐方式为南煮北晒（海州下场为晒盐），由于安丰盐场地处海滨，乃盐碱性不毛之地，在海边煮海熬盐的盐丁们生活十分艰苦。一旦到了雨雪大风时节，生活更是苦不堪言。盐民中流传这样一句话："有女不嫁灶，一世苦水泡。"《中十场志》中收录了季寅写的一首《盐丁苦》诗："盐丁苦，盐丁苦，终日熬波煎淋卤。手足度朝昏，食不充饥衣不补。每日凌晨只晒灰，赤脚蓬头翻弄土。催征不让险无阻，公差追捉如狼虎。苦见官，活地府，血比连，打不数……"泰州安丰场著名盐丁诗人吴嘉纪的一首《绝句》对盐民的日常生活这样描述：

> 白头灶户低草房，六月煎盐烈火旁。
>
> 走出门前炎日里，偷闲一刻是乘凉。

一旦遇到飓风大潮，海水汹涌而来，更造成盐丁们的灭顶之灾。吴嘉纪《海潮叹》云："咫风激潮潮怒来，高如云山声似雷。沿海人家数千里，鸡犬草木同时死。南场尸漂北场路，一半先随落潮去……"

据清康熙《两淮盐法志》记载，康熙元年至二十三年（1662—1684 年），遇灾 14 次之多。其中康熙四年（1665 年）七月四日，狂风大作，折木拔树，涌起海潮，高数丈，漂没亭场庐舍，淹死灶丁男女老幼几万人。经过三天三夜，狂风才渐渐停息。其时盐滩上到处是残垣漂尸，草木也都枯死。清雍正二年（1724 年）七月十八、十九日，飓风骤起，滔天海潮，冲破范公堤，两淮 29 场（除莞渎场无灾外），溺死泰州分司所属小海、丁溪、草堰、何垛等 10 盐场男女灶丁 33435 人，淮属白驹、刘庄、伍佑等 6 盐场男女灶丁 1445 人。

盐民们在恶劣的环境中生产劳动，为历代封建统治者创造出大量的社会财富，自身不仅难以解决暖饱，连生命也得不到保证。在这样的情况下，不少人为改变苦难的生活现状，开始贩运私盐。《明经世文编》卷一八七《盐政疏》中称："两淮通、泰、宝应之州县境内，民厌农田，惟盐利为射。"

据王艮《年谱》中记载，王艮的始祖伯寿公、二世祖国祥公、三世祖仲仁公，都是盐场的百夫长，不仅自己要烧出一定数量的盐，还要负责管理灶长，督理煎盐，催办课税。王艮的四世为文贵公，五世为美僧公。美僧公曾因贩私盐被抓后发配充军长达 18 年的时间，因为他热心助人，《中十场志》有述："既行，父老率共，为生祠以禧公请碑记之。"泰州方志与名裨史夏绍侯《梓里佚闻》中则记载一则佚事，说五世公美因犯盐法被发配边疆充军 18 年，其庭院中石榴树不明原因枯死，18 年后，待公美被赦归，石榴树又枯木逢春，众人皆称奇。王艮的父亲守庵公是六世，"古朴坦夷，里中称为长者"。由此，第七代的王艮从小就是一个灶丁（亦称"亨子"）。

王艮所处的时期,正是明朝中叶封建统治最为黑暗、社会矛盾日益激化的时期。封建统治阶级为了自身的利益,不断地对广大平民进行残酷的压迫和剥削,广大人民的生活极为艰难。又由于天灾不断,如孝宗弘治十三年水灾、弘治十四年到十六年旱灾等,广大人民为求生存而不得不进行着不断的反抗。如在武宗正德三年四川的蓝迁瑞、鄢本恕起义,正德五年河北的刘六、刘七起义等。为了顺应形势的发展和维护封建统治秩序,统治阶级内部一些有识之士和思想家们开始提出了一些改革主张,传统理学受到冲击,新的社会思潮开始出现。面对这样一个全国性风起云涌的复杂社会状况,受过一定封建伦理教育影响的王艮自然地激发起对社会现实问题的思考。

《年谱》记载,王艮7岁入乡塾,由于聪明好学并善于思考,以致"信口谈说,若或启之,塾师无能难者"。11岁时,因"贫不能学,辞塾师就理家政",在打理家务的同时随父烧盐。14岁时,他失去了母亲。19岁时,为了生存,他听从父亲的要求贩运私盐到山东一带出售。到21岁时,他就因为经商有道、理财有方而使家中变得一天比一天富裕。在这种情况下,王艮开始接济左邻右舍的贫困乡亲。

封建统治的腐败黑暗,家庭生活的不幸与压力,社会上的艰难闯荡,铸就了王艮顽强不屈的性格。而耳闻目睹百姓生存的艰难,又在不断地刺激着他,促使他不断地思考。23岁赴山东经商时不幸生病,治愈之后,他一度"究心医道",想通过当医生来普度众生。25岁这一年,他在贩盐经过曲阜孔庙时,看到很多人参拜,他亦随人流走进孔庙,忽觉心中豁然开朗,于是"瞻拜感激,奋然有任道之志"。他认为自己找到了一条解决社会现实问题的办法,这就是效法孔孟等圣贤,通过儒家思想的宣传,师法君王,教化民众,使"君为尧舜之君"、"民为尧舜之民",从而使社会达到理想的状态。

从曲阜回到家以后,王艮开始发愤读书。他"日诵孝经、论语、大学,置其书袖中,逢人质义。"他在"夜以继日,寒暑之间"的"默坐体道"后,"有必为圣贤之志"。终于在29岁时,他以"托天之梦"的形式而"悟入"。《年谱》记载:

先生一夕,梦天坠压身,万人奔号求救,先生独奋臂托天而起,见日月列宿失序,又手自整布如故,万人欢舞拜谢。醒则汗溢如雨,顿觉心体洞彻,万物一体,宇宙在我之念益真切不容已。自此行住语默,皆在觉中。先生梦后,书"正德六年间,居仁三月半"于座右。

这里叙述的"托天之梦",是一个带有神秘色彩的活动。"天坠压身,万人奔号求救",反映的正是当时封建专制压迫下的广大百姓的生活惨况。"独奋臂托天而起",表达的是王艮以天下为己任而赤身担当的英雄行为。"见日月列宿失序,又手自整布如故",则是王艮救民于水火,恢复社会秩序的"救世主"行为。"居仁三月半"中含有孔子曾经称赞颜子"其心三月不违仁"的典故,王艮自忖:我肯定会超过颜子,达到"三月半"。虽然"三月"不是实数,但多个"半"字,表达的意蕴则大不一样了。学派弟子、后世子孙王士纬认为,王艮之梦"实则先生僻处海隅,感民智浅陋,觉世之愿,根诸心而遂形诸梦"[1],且与其后所作的《鳅鳝赋》中以"鳝"喻百姓处于"奄奄然若死之状"而一泥鳅"奋身化龙",使鳝"皆欣欣然而有生意"的说法"用以自况,大旨类同"。对王艮的这一"托天之梦",也有弟子曾存疑,《心斋先生学谱》摘录弟子刘光汉撰传的自注,称"甚或疑先生欲自行其学,恐不足动众,遂饰佛家悟法华之说,以证己学有所从来"。历代圣贤得道常有此类梦呓或故事,所谓奇人异象。

王艮的这一"梦",实质是他对人生与社会长期以来反复思考的顿悟。从一个粗识字的社会下层的烧盐灶丁,在文化基础较差、居所又偏处在海滨辟地无名师指点的困难条件下,发愤刻苦自学成才,并力图效法孔孟诸贤改变黑暗社会现实,志向是多么的高远,精神又是多么的难能可贵!

王艮《年谱》中,记载了这样一些故事:

刚到而立之年的他,在住房后面建了一个小屋子,闲暇时坐在里面读读书,研习古文,弹着琴,唱着歌。他与人讲说经书上的内容,多用自己的观点,不拘泥于"传注"内容。有人按"传注"的内容与他辩论,王艮就用自己的见解进行对话,把问题讲得明明白白。族长知道他有志在天下的大志向,常常以

---

[1] 《王心斋全集》,《心斋先生学谱》,第82页。

一些难办的事来有意考验他,他都能帮族长处理得条理分明。各盐场中的官员和百姓如果遇到棘手的矛盾,往往向他讨教。而他总是热心帮助他们处理问题,既周到又细致,从未发生过一丝一毫的偏差。

随着家庭的日益富庶繁盛,王艮对家族成员的管理非常严格周密,治家有方,门庭严整一时传遍乡里,使得一些来学的弟子和来访的宾客如果衣服不整洁、容颜不清洁都不敢迈入门庭来见他。一次,几个弟弟娶亲后因为各房媳妇嫁妆多少不一而有所议论,导致兄弟间失和。有一天,王艮把父母亲请到大堂就座,率众弟在祖宗牌位前焚香礼拜,召集家庭会议,侃侃而谈,有理有据,找出兄弟不和的原因:"家里的人之间之所以离心离德,是因为财物分配不平均。"他自己带头,要求各家都把嫁妆拿出来,放在庭院中重新平均分配。众弟和妯娌均口服心服,皆大欢喜。

能成为家庭、家族乃至盐场之中解决问题的高手,自然是需要有很高的声望和地位的。而从解决家庭、家族问题入手,进而去寻求天下问题的解决之道,于是有了王艮在37岁这一年做的两件大事:

第一件事,是完美解决嬖幸佛太监来盐场索要鹰犬之事。王艮37岁这年,宁王朱宸濠在江西作乱,陷民于水火之中。而南巡的武宗皇帝却长期驻扎扬州玩乐,所到之处也是一片骚动。皇帝要打猎,派他宠爱的佛太监和神总兵到沿海一带寻找打猎场。佛太监一行到了富安场,派校尉到安丰场王艮的家,找其父索要打猎用的鹰和犬。王艮的父亲守庵公非常害怕,对他说:"儿啊,你劝我毁掉神佛像换上祖先的牌位,这下倒好,现在神佛报应来了,怎么办才好啊?"王艮说:"父亲不要害怕!老天会保佑善良的人的。我去会会那个太监,你到明天就知道有没有大祸了。"于是,王艮就带着礼物跟校尉一起骑上马去见佛太监。佛太监问他:"鹰和犬在哪里啊?"王艮说:"我们这个地方无猎可打已经很长时间了,哪儿有鹰和犬呢?"佛太监生气地说:"今天朝廷派人跟你们取鹰犬,你敢不给啊?"王艮回答说:"鹰和犬,是禽和兽,是天底下最为卑贱的东西。而最尊最贵的,莫不过于人。君子是不会因为人养的东西而害人,如果以最贱的东西而使最为尊贵的人受到伤害,这符合人情世故吗?"佛太监听了王艮的这一番话后,脸色阴转多云,把王艮叫到跟前,一阵仔细端详后,对神总兵说:"我前几天夜里梦见的异人,莫不是他?"于是,请王艮就座,双方交谈得非常愉快。到了傍晚,王艮以父亲担心为由辞别。这时的佛太监早就多云转晴了,高兴地说:"你还是个孝子啊!"于是,送了很多礼物给他,并约他明晨早一点再来谈谈。第二天一大早,王艮如约而至,佛太监非常高兴地说:"你是个讲信誉之人!"于是,请王艮和他一起打猎。当时皇帝一行人之中,因为天气寒冷再加上军粮供应不及时,军中有士兵冻饿而死,一时人心惶惶。王艮于是给佛太监讲道理,让他劝导皇帝早日回京城去,并说你打猎带着一千人马,如果逗留时间过长的话,皇上说不定会产生什么怀疑,而一旦有这种事情发生,就难以处理了。佛太监听后非常感谢他的提醒,立即停止了打猎活动。不仅如此,佛太监还要求王艮一起走,推荐他到京城当官,但王艮编了多个理由推辞后回到家中。当时朝廷以学识水平高而闻名的大儒、后来官职升到礼部尚书的欧阳德(号南野)听说这个事情后,感叹道:"说几句话,就使皇帝宠爱的太监感化了,我与心斋(王艮)相比,真是功夫差得太远了啊!"

　　第二件事,是"制冠服"讲学之事。一天,王艮突然感叹说:"孟子曾这样说过:说尧说的话,做尧做的事,而不穿尧穿的衣服,可以吗?"于是,他按照《礼经》上记录的样式,制作了五常冠、深衣、绦绖、笏板,走路做事按照《礼经》的标准要求,坐着思考时点着香并默不出声。还将其所教内容和传道要求写在自家大门上:此道贯伏羲、神农、黄帝、尧、舜、禹、汤、文、武、周公、孔子,不因以老幼、贵贱、贤愚,有志愿学者,传之。

图2-1　王艮雕塑像

王艮效仿孔子,制古式衣冠服穿上讲学,这种复古做法完全超出了当时人们的想象。打出的免费"招生广告"更是出乎人们的意外。而王艮这种标新立异的讲学宣传举动,对地处穷乡僻壤又缺少精神滋养的安丰场普通百姓来说无疑是一个极大的福音,产生的轰动效应也可想而知。这可以说是他其后穿着古式衣冠去江西南昌城拜会王阳明时的"观者环绕市道"造成轰动效应的一个预演。

儒家重躬行实践,济世为怀,王艮自不例外。从21岁时的"推其所余以及邻里乡党"到后来为王阳明出资建馆舍留住学生,到再后来的阻止嬖幸佛太监索要鹰犬以及进行的各种赈济灾民活动,反映了他的行胜于言。如在他41岁那年,淮扬"大饥"。为了解决饥民的生活困难,他特地到真州(今仪征)家境富裕又敬重他的王商人那里贷米二千石,赈济饥民。消息传到朝廷派来的巡抚耳朵里,巡抚竟不信有这样的事,不问青红皂白先派人把王艮关起来,待派人去查验核实后才放了他。巡抚大惑不解,问他:"'读何书?'曰:'读《大学》。''更读何书?'曰:'《中庸》。'又曰:'外此复何书?'曰:'尚多一部《中庸》耳。'曰:'何谓也?'曰:'诚意、正心、修身、治国、平天下道理,已备于《大学》。'"①以致感动了巡抚,在开仓放粮救济百姓的同时,准备对王艮树牌坊表扬,哪知王艮坚辞不受。王艮53岁那年,家乡再次出现饥荒,不少人家在除夕时揭不开锅,他随即命大儿子把家里的粮食拿出来送给各户,并动员乡里的富有者伸出援手,帮助灾民吃上年夜饭。王艮56岁这一年,为解决安丰盐场"几十年不决"的"灶产不均,贫者多失业"的问题,奏请当地官员要求将草荡平分,以解决盐民们煮盐燃料不足的问题。这种平均主义的做法,在一定程度上冲击了封建腐朽统治和土地制度,有利于提高人民群众的经济和政治地位,有利于推动社会不断向前发展。

① 《王心斋全集》卷三《年谱》,第77页。

第二节 师承王阳明的传奇故事

王艮是在 38 岁时拜王阳明为师的。拜师的原因很简单:有一天王艮讲学,在讲到《论语》首章时,听课的塾师黄文刚感到很惊讶,说先生之说与时任江西巡抚的王阳明所说的"致良知"类似。王艮一听,感到奇怪:"方今士大夫,汩没于举业,沉湎于声利,皆然也。信有斯人论学如我乎?"他不相信当高官的人中居然有人跟他有差不多的思想观点,认为"不可不往见之,吾俯就其可否,而以学术误天下"。也就是说,他是唯恐王阳明"以学术误天下"而决定去"俯就其可否"的。带着这样的思想动机,王艮决定去江西的南昌会一会王阳明,从此也开始了与王阳明的交往。

王艮到南昌城时,头戴着写有"仁、义、礼、智、信"的五常冠,身上穿着仅袖口周长就有二尺四寸的又宽又大的黑色古服,腰上扎着绅经,脚上蹬着方履,手里拿着写有"非礼勿视,非礼勿听,非礼勿言,非礼勿动"四勿语的笏板,俨然孔圣人模样。这样的架势,招引围观的人纷至沓来,以至一时交通堵塞。到了王阳明的官府门前,他自称"海滨生",要求看门人给予通报,看门人见其怪状不予理睬,于是当即作《初谒王文成公诗二首》求见:

> 孤陋愚蒙住海滨,依书践履自家新。
> 谁知日日加新力,不觉腔中浑是春。
>
> 闻得坤方布此春,告违艮地乞斯真。
> 归仁不惮三千里,立志惟希一等人。
> 去取专心循上帝,从远有命任诸君。
> 磋磨第愧无胚朴,请教空空一鄙民。

《年谱》的记载中,把王艮拜师的过程描述得活灵活现——王阳明见到这两首诗后，立即让门人把王艮请到拜亭之中。王艮坐在上座的位置上，觉得与自己在昨天夜里梦中见到的情形完全一样，于是对王阳明说："我昨天来时，梦到在这个亭子中拜会你。"王阳明说："真人是没有梦的。"王艮反问说："那么孔子为什么会梦见周公？"王阳明说："这就是孔子最真实的地方啊！"王艮听后心中有所触动，于是和王阳明就一些有疑义的问题展开讨论，声音响亮得门外的人都能听得清清楚楚。不知不觉中，二人谈到了关于实现天下治理的事情。王阳明说："君子考虑问题应当在自己的职责范围之内。"言下之意是，你这样一个小小的百姓，思考国家大事不是你的职责所在。但王艮回答："我虽然是一介小小的穷乡僻壤的百姓，但是一天也不敢忘记像尧舜那样爱护百姓的君主。"画外之音是盼望当今社会出现像尧舜这样的好君主。王阳明说："舜居住在深山之中，与野兽草木山石做伴，开心快乐得忘记了天下。"王艮回答说："那是因为当时有尧这样的人在做君主啊！"他的言外之意就是"现时无尧在上"，感慨当时的社会没有贤明的君主。这是一个非常敏感甚至是大逆不道的话题，想不到王阳明竟然点头同意王艮的看法，王艮也从内心里佩服王阳明的胆识，二人的思想产生了共鸣点。在谈了一阵子后，两人又讨论到了"致良知"的问题。王艮听后，感到王阳明的学术观点"简易直截"，自己是比不上的。于是，他走下座位，跪拜到在王阳明面前，口称王阳明为老师。告别王阳明回到住宿的馆舍之后，王艮反复思考与王阳明的论辩过程，又觉得王阳明的有些说法不能使他信服，后悔自己有些轻率的拜师。到了第二天，他又去见王阳明说："我昨天拜师太草率了！要与你再次进行论辩。"于是，王艮仍然径直坐到上座与王阳明论辩。王阳明高兴地说："好啊！有疑问就是有疑问，可相信才相信，而不是无原则地盲从，这是我最愿意看到也是感到十分高兴的啊！"这样子，两人又反反复复地辩论，对一些问题穷根究底。终于，王艮从内心里对王阳明的见识十分佩服，又重新走下座位，纳头跪拜，再次行起弟子之礼。王艮的这一行为，是"吾爱吾师，吾更爱真理"的生动诠释，可爱又可敬。对此，王阳明感慨万分地对弟子们说："当年我在抓住叛乱的宁王宸濠时，内心里连一丝波动也没有，今天却因为这个人而感动了。"

王艮本是带着"俯就"王阳明的心态来的，但在反复地"相与究竟疑义"的论辩之后,感到自己的理论功底确有不足之处,才"大服"而拜王阳明为师,这出乎王阳明的意料之外,也引起他的极大震动。《年谱》这样记载:在王阳明处住了七天后,王艮向王阳明辞行,说:"家父有命,要我早些回去,我不敢耽误。"王艮走后,王阳明对一众弟子说:"这是一个真正有学问的圣人啊!有疑问就是有疑问,相信就是相信,一丝一毫也不马虎,你们比不上他啊!"一个弟子不屑地说:"就是那个穿奇装异服的人吗?"王阳明说:"他是你们应该学习的榜样!除了他,我以谁为知音啊?"

王阳明面对有些学生的不服气,充分肯定了王艮是一个"真学圣人"。王艮原来的名字叫"王银",王阳明为他改名"艮",取字汝止。有人认为,王阳明改"银"为"艮",是要王艮从此停止胡思乱想,因为"艮"的字义是"极限"之意;也有人认为,王阳明认为王艮从北方来,所以取"艮"卦之意。但不管是何意,王阳明对王艮的器重和钟爱可见一斑。

王艮以一身古代圣贤的装束见王阳明,其实想要表达的信息就是:我是圣人!因而,王阳明"异其人"而"降价迎之"并请"上座"。在两人近乎禅机的对话中,王艮悟出自己学识"饰情抗节,矫诸外"的不足和阳明学"得之心"的"精深极微",从而心悦诚服地"执弟子礼"。接着,也才有了前述中两人在"君子思不出其位"上的论辩。尽管王阳明由于其所处的地位而不赞成"思出其位",但对王艮作为一介平民而立志用世则是大加赞赏。

第三节 "因循师说"与开宗立派

王艮在王守仁门下前后共有八年时间,一直担负着亦学亦师的双重角色。一方面,他发挥了一个经济上比较富裕且精明强干的弟子的特别作用,如他出钱帮助王阳明扩建书院,补充馆舍用度;另一方面,他还承担"教"的职责,帮助王阳明开导教育其他弟子,传授心学,深得王阳明的赏识与信任。与此同时,王艮又作为一个独立的思想家在潜心投入对阳明心学的创新与广泛传播时,感觉王阳明的思想学说还只囿于一定的区域,并"未能遍及天下"。

于是，有一天他走到内堂对王阳明说："老师的学说是千年失传的绝学，是上天启发老师得到的。宣传它，不就可以使天下有志之士都能听闻到这个学说吗？"由此，他就向老师请教当年孔子周游列国时的车辆样式，但王阳明只是笑笑而没有回答。王艮回到住所后，就仿照古书上的样式记载，自制了一辆蒲轮车，并在车上悬挂了一行标语："天下一个，万物一体，入山林求会隐逸，过市井启发愚蒙。遵圣道天地弗违，致良知鬼神莫测，欲同天下人为善，无此招摇做不通。知我者其惟此行乎？罪我若其惟此行乎？"同时，他还作了一首《鳅鳝赋》表明自己的教育志向。他坐在蒲轮车上一直向北方行进，路上到处招引各色人等开展讲学宣传活动，最终抵达"京师"北京。

实际上，王艮所谓"因循师说"的北上传道活动，无论其内容还是形式，都已经偏离"心学"，明显有悖于"王学"正宗，具有所谓的"异端"色彩，受到了社会各阶层特别是下层群众的极大关注。所到之处，"男女奔忙"，"聚观如堵"，"事迹显著，惊动庙廊"。很显然，在当时封建统治十分严酷、伦理约束十分严厉的情况下，这也是一种非常危险的举动。王阳明长期高居庙堂之上，是过来之人，感到王艮"意气太高，行事太奇"，出于对王艮的爱护而"稍抑之"。王阳明利用王艮对父亲的孝心，写信请其父派人把王艮逼回南昌后，让他一连跪了三天并且还故意不搭理他。第四天，在王阳明送客人出门时，王艮说道："我已经知道过错了！"王阳明仍不理会他，他马上跟随着到了大庭之中，大喊道："就是孔子也不会有你这么过分的！"王阳明听后不禁一惊，赶紧对王艮作揖，请他起来。知错改错，善莫大焉！在王阳明的压力之下，王艮被迫下跪认错，但他竟然大呼"仲尼不为己甚"的话，扛出祖师爷，即使悔过也不可不谓轰轰烈烈，行为坦荡得使王阳明不得不请他起来，由此也可以看出王艮的个性倔强，其行事风格非同常人。

然而，王艮"知过"了吗？在严酷的社会现实面前，他只是把内心收敛起来，改变了宣传手法，行动也不再像以往那样张扬。他一方面把大量时间花在广德复初书院、泰州安定书院、金陵新泉书院、会稽阳明书院等地，帮助师王阳明进行讲学活动；另一方面通过广泛结交各种人物包括各级官僚和著名学者，学习、借鉴他们的学术思想并结合广大劳动群众的实际需要进行独立的讲学活动。他的讲学,虽然重述"四书"、"五经"和"王学"的内容较多,但他不重经书,不泥师说,而是有所取舍,多有新意。从表面看,他是承袭陆王"六经皆吾注脚"的说法,而实质是对传统的"章句世说"持否定的看法。如在阳明书院,他讲王阳明的"良知说",一面以孔子"入太庙,每事问"的事例来讲"'知之为知之,不知为不知',是天德良知也"。而从另一面反证说连孔子对不懂的问题都要虚心去问,哪有什么生而知之?而且他还"多指百姓日用,以发明良知之学",说"百姓日用条理处,即是圣人条理处。圣人知便不失,百姓不知便会失"。他把王阳明的"致良知"落脚到"百姓日用",明显偏离了阳明心学,也开始形成自己的思想理论体系。

在辞师北上讲学临行之际,王艮在《鳅鳝赋》一文中,借泥鳅之奋身化龙,救鳝脱牢笼,表达了自己要"为天地立心,为生民请命",救民于水火之中,追求"有朝物化天人和,麟凤归来尧舜秋"的宏大志愿:

鳅鳝赋

　　道人闲行于市,偶见肆前育鳝一缸,覆压缠绕,奄奄然若死之状。忽见一鳅从中而出,或上或下,或左或右,或前或后,周流不息,变动不居,若神龙然。其鳝因鳅得以转身通气,而有生意,是转鳝之身、通鳝之气、存鳝之生者,皆鳅之功也。虽然亦鳅之乐也,非专为悯此鳝而然,亦非为望此鳝之报而然,自率其性而已耳。于是道人有感,喟然叹曰:"吾与同类并育于天地之间,得非若鳅鳝之同育于此缸乎?吾闻大丈夫以天地万物为一体,为天地立心,为生民立命,几不在兹乎!"遂思整车束装,慨然有周流四方之志。少顷,忽见风云雷雨交作,其鳅乘势跃入天河,投于大海,悠然而逝,纵横自在,快乐无边。回视樊龙之鳝,思将有以救之。奋身化龙,复作雷雨,倾满鳝缸,于是缠绕覆压者,皆欣欣然而有生意。俟其苏醒精神,同归于长江大海矣。道人欣然就车而行。或谓道人曰:"将入樊笼乎?"曰:"否。吾岂匏瓜也哉,焉能系而不食?""将高飞远举乎?"曰:"否。吾非斯人之徒与而谁与?""然则如之何?"曰:"虽不离于物,亦不囿于物也。"因诗以示之,诗曰:"一旦春来不自由,遍行天下壮皇州。有朝物化天人和,麟凤归来尧舜秋。"

王艮通篇借道人之口，表胸中之意。先是把自己幻化为如同神龙一样的"鳅"，把在封建专制统治这口大缸（牢笼）中苦苦挣扎的如同鳝一样的广大百姓因为鳅的"转身通气"而有"生意"，后又把自己幻化为救世的苍龙而"复作雷雨"，使众鳝"欣欣然而有生意"，待其"苏醒精神"，终"同归于长江大海"。最后，他还借用孔子的话，表达自己要"遍行天下"为广大的百姓造福，追求实现"麟凤归来尧舜秋"的理想社会局面。

王艮的北上讲学活动，受到王阳明出自善意的批评性保护。他深深感到在当时的社会环境下，要想冲破封建专制的樊篱，实现心中的理想社会追求，是非常困难的。于是，他开始注重斗争的策略和艺术。在王阳明门下学习的时间里，他利用各种机会，不仅到处宣传自己的学术思想，还广收门徒。王阳明去世后，他回到泰州，在安定书院、东淘精舍、社学庵开展讲学活动，并经常外出参加全国各地的讲会。安定书院为北宋教育家胡瑗的讲学旧址，是在南宋宝庆二年（1226年）由时任泰州知州的陈垓在泰山左侧所建。嘉靖五年（1526年），泰州知州王臣特意礼聘王艮到安定书院主持教事。东淘精舍是当时的御史洪垣出资所建，以作为王艮在安丰场的讲学场所。社学庵的前身，是泰州知州王臣创办的"立诚"社学，主要招收平民子弟进行教育。从王艮外出讲学的情况看，他多次往来于江西、浙江、江苏等地，讲学足迹遍及大半个中国。

图2-2 东淘精舍

据《年谱》记载,王艮一生讲学传道,坚持"不以老幼贵贱贤愚,有志愿学者传之"。这样的授徒方法,真正是继承了孔子"有教无类"的教育传统,开启了中国历史上的平民教育新风。王艮多次拒绝了几位朝廷高官推荐他入朝做官的要求,坚持以布衣身份传道。除了面对皇帝的亲信佛太监的执意推荐但坚辞不受外,47岁时抚台刘梅谷又推荐他入朝为官而再次推却。55岁时御史洪垣又两次举荐他入朝为官,他还是坚决不肯接受。他不仅自己一生保持布衣学者的本色,而且让其子一生立志于教育事业,不去参加科举考试当官。他甚至把著名弟子徐樾的"不仕"、"解官"看作有志向、有作为并成为向他秘传"大成学"的条件。

王艮用学术理论上的创新回报了恩师,更用他的实际行动表达了对王阳明个人及其家庭的关心和忠诚。《年谱》中,有不少记载反映了王阳明与王艮师生之间的真挚情意。王阳明去世后,王艮对其子王正亿悉心照应,并为他娶妻多次奔走相助。《心斋先生学谱》第四部分的"学侣考"也记有这样的感人情节:王阳明的儿子王正忆从小体弱力薄,王阳明去世后,面临着家族内外的各种流言蜚语以及一些豪门大族和恶奴可能报复的危险。王艮与王龙溪等弟子对王正忆竭力保护,并且为他的婚事悉心操持。王艮专程从泰州赶到会稽(今绍兴),拜访礼部侍郎黄绾,为王正忆说媒和娶亲,最终与黄绾之女结为夫妻。泰州与绍兴之间,南北相距有近千里路,在明代交通极其不便的情况下,王艮为保护王正忆,跋山涉水,风餐露宿,多年奔波而不知疲倦。正如王阳明本人所说:"舍斯人,吾将谁友?"王阳明能有王艮这样的弟子,人生何憾?

应当说,王艮是带着自己的"格物"思想拜入王门的。但他拜入王门本自质疑始,又因内心佩服王阳明而拜师,后又与其争论再次质疑而经历了第二次拜师,最终在以孔圣的姿态传播阳明心学教化天下苍生的活动中不断地进行思想上的创新而自成一派。

第四节　以民为本的草根思想大师

从《年谱》的记载看,王艮38岁时拜王阳明为师,47岁那年寒冬赶往南昌为王阳明送葬,处理后事。这说明,他虽然断断续续地经常回家乡或外出到处讲学,但在王阳明门下学习时间累积有八年之多。这对王艮来说,不仅是一个学识水平不断提高的过程,更是一个借"王学"这杆大旗宣传自己思想学术的过程。他第一次去见王阳明时,头上戴的是写有"仁、义、礼、智、信"的"五常冠",而在回到家乡讲学后则戴上了"明道巾"。这中间的变化说明,王艮吸收和借鉴了王阳明学说中的一些思想主张并且有所超越,所以人们评价他"往往驾师说之上,持论益高远"。

《年谱》记载:"十六年丁酉,先生五十五岁。时有不谅先生者,谓先生自立门户,先生闻而叹曰:'某于先师,受罔极恩,学术所系,敢不究心以报。'"

面对王学同门中"自立门户"的责难,王艮终于从学术创新回报恩师的角度,变相地承认了自己的学术思想确是别树一帜,自成体系。这令人想起齐白石大师告诫其弟子的"学我者生,似我者亡",创新是对老师最好的继承。

作为泰州学派创始人,王艮不但毕生致力于理论大厦的构建,在哲学、伦理、社会政治以及文化教育等方面都有着丰富而深刻的建树,更为难能可贵的是他孜孜不倦地将自己建立的理论运用于社会实践,以平民哲学家、平民政治家、平民教育家的伟大形象定格在中华民族的文明史上。

一、伟大的平民哲学家

王艮的哲学思想因泰州地处淮南且独具特色,被人称为"淮南格物论"。王艮"格物论"的中心思想是"身本论",是王艮在师从王阳明之前自己体悟出来并在阳明门下后得到完善起来的。"淮南格物论"的主要内容有:

1. 格物正己说

王艮从"身是本,天下国家是末"的基本思想出发,认为"格物即是止至善"。他把"格物"定义为"格物,知本也;立本,安身也"①,又说"安身者,立天下之大本也。是故身也者,天地万物之本也。天地万物,末也"。这就是说,"格物"是要去"止至善"即区别事物的本与末,否则"本乱而末治者否矣。本乱末治,末愈乱也"。言外之意,是统治者自己没把百姓的"身"当作"本",这样怎么能治理好天下国家呢? 他提出,治"末"须先要立"本",只有自身的"本"正,才能使天下国家之"末"正。为此,他把自身比作"矩",天下国家比作"方",说"吾身是个矩,天下国家是个方"。这里面隐含着一层意思,就是统治者自己要以自身之"矩正",做天下人的榜样,才能治理好天下国家。为此,王艮甚至大胆说出了"君有大过则谏,反覆之不听则易位"的思想观点;王艮提出了自己的"絜矩"说,认为要用"格"的方法使自己"矩"正进而去矫正天下国家之"方",而"絜"就是"以天地万物依于己"的精神进行经常的自我教育反省,以达到"其身正而天下归之,正己而物正"的目的。《年谱》中有多处记载了王艮注重"身教"的情况。如有一天,王艮从东淘精舍回家,因为天正下着雨,很多弟子争着给他拿雨鞋,王艮却自己去取后穿上。第二天,王艮来到精舍后,一个叫吴从本的学生问他说:"昨天取鞋子时,有那么多的人可以使唤,先生你为什么自己取啊?"王艮笑着对他说:"从前周文王讨伐崇侯虎到了黄竹墟时,鞋带子松下来,左看右看感觉身边的人都是贤人,不能使唤,因此自己把鞋带打上结系好了。我昨天自己取鞋,也是认为各位都是贤人啊!"他又笑着说:"言教不如身教,这样才能容易让人服从啊!"这说明王艮非常重视自身行为的示范作用。

王艮提出判断一个人是圣人还是常人的重要标准,便是看其有无"成心"。他特别反对人为的做作、矫情,强调人要过自然本真的生活。他对刻意人为的做法提出尖锐的批评,说"只心有所向,便是欲;有所见,便是妄"②。还

---

① 《王心斋全集》卷一《语录》,第38页。
② 《王心斋全集》,卷二《诗文杂著》,第43页。

说："才着意，便是私心。"①他甚至提出，心中对功名富贵看得很轻的人，所产生的坏作用等于无父无君；心中对功名宝贵看得太重的人，所产生的坏作用等于杀父弑君。在王艮看来，天理良知是自然而然的，因此满足人的物质生活需求即"人欲"也是合乎天理的。在王艮眼中，普通百姓在日常生活中自然表现出来的一切意识状态和行为方式如穿衣、吃饭等日常行为，都是自然良知的现实彰显。而人们也只有在百姓的日常生活中才能够发现圣人的学问。王艮指出，教师工作就是"以先知觉后知"，目的就是去发掘人性中本来就有的良知，说"此学是愚夫愚妇能知能行者。圣人之道，不过欲人皆知皆行"②。在此，我们也能进一步理解以王艮为代表的泰州学派诸贤以师道自任、思出其位的良苦用心。

2. 明哲保身论

王艮认为，人的身是天下国家的根本。他所作的《明哲保身论》一文，明确把人的"身"看作天地万物之"本"，而把天地万物看作"末"，提出只有明"保身"这个"哲"，才能去"爱人"，才能去"齐家"、"治国"、"平天下"。他提出人要做到"尊身"、"爱身"、"修身"、"安身"，以达到"保身"的思想。"尊身"指的是尊重人的生命价值和人格尊严；"爱身"指的是爱护人的身体；"修身"指的是通过个体的道德修为，养成"至善"的理想人格；"安身"指的是保证人的生存和生活的安定。其目的，都是为了"保身"。他认为保身是为了"安身"，而"安身"则是为了"安其身而后动"。因此，人的出、处、进、退、隐、见等，都要从"保身"方面去考虑。保住了身，才能去"齐家、治国、平天下"。他甚至以对"身"的态度来作为衡量社会的优劣标志，提出"天下有道，以道殉身。天下无道，以身殉道"，即"以道殉身"是"天下有道"的标志，"以身殉道"是"天下无道"的表现。但他提出的"安身"，又不是盲目服从命运的安排，而是"我命虽由天，造命却由我"。按照他对"出"、"处"的理解，如尧舜在上，则"出"为帝者师，使王者求为所法，就是"飞龙在天"实现"上治"；如桀纣在上，则"处"为天下万世

---

① 《王心斋全集》卷一《语录》，第1页。
② 《王心斋全集》，卷三《年谱》，第76页。

师,使天下百姓明其道,就是"见龙在田"进行"下治",实现"天下文明"。他认识到当时的社会是桀纣在上,只能是"处"而不是"出"。但他认为"处"不是做"潜龙",而且做"见龙","处为天下万世师",教书育人。王艮的一生就是他思想的最好印证。

3. 百姓日用即道说

在《尚书》《诗经》等古籍中,很早就将供应人身体成长的生活资料称为"服食器用"、"日用器物"或"百姓日用",在《论语》《孟子》中更是高频率地出现,显然,百姓日用之学成为儒家的经典之教。王艮从"天地万物为一体"、"体用一原"的世界观出发,力倡"百姓日用即道"。他认为人性之"体"就是天性之"体"、"良知之体",而天性之"体"又等同于自然,百姓日用则是"体用一原"和劳动人民"天性之体"的结合。要求统治者把满足群众穿衣、吃饭等物质和精神生活作为第一需要。正是基于这一思想,王艮提出了"百姓日用即道"的民本主义命题,指出百姓的日常生活欲求才是人性自然流行的真正表现,而满足"百姓日用"的需要才是符合"圣人之道"的行为。在王艮的哲学中,"道"并不神秘,也不是在天上,而是在"百姓日用"之中,即存在于普通百姓衣食住行的各种自然欲求之中。《年谱》中记有一则故事:王艮在会稽……有一天,他讲说百姓的日常生活就是"道"。听到这种解读,大多数人都不认可。这时,王艮指着僮仆对大家说:"你们看看,他们在侍奉你们的过程中,看、听、拿东西和走路等,需要你们指挥了吗?这都是顺应自然法则的行为。"听了他的话后,大家才一下子领悟过来。《年谱》还记载了这样一件事:欧阳南野(即欧阳德,王阳明弟子,被认为是正统继承人)曾经讲"致良知",王艮跟他开玩笑说:"我最近讲'良知致'。"欧阳南野听了以后,连忙向王艮请教,两个人就在一张床上抵足而谈了几天几夜的时间。王艮用日常生活中的事例指点欧阳南野,他们相互之间感到话逢知己,十分投机。

王艮"百姓日用即道"中的"百姓",指的是如僮仆一类的"愚夫愚妇"这样的普通民众,"日用"指的是包括穿衣、吃饭等在内的人的日常生活需求,"道"指的是儒家道德原则。王艮认为,如果你要获得"道",就必须走到"百姓日用"中,也就是深入到广大人民群众的社会生活实践之中探求。他写了《天下

江山一览诗六首觉友人》组诗,其中的《咏山》突出体现了他强调人民群众的实践的观点:

> 瑞气腾腾宝韫山,如求珍宝必登山。
> 无心于宝自然得,才着丝毫便隔山。

诗中,强调要获得知"珍宝",必须亲自到人民群众当中去实践,就如同亲自攀登高山一样。只要你亲身参与到人民群众的日常生活实践之中,哪怕你是无心而为也能自然而然地获得"珍宝",但如果你刻意而为则往往难以达到理想的目标。王艮指出,真正的"道"就是要让人民群众摆脱贫困,吃饱穿暖。在《王道论》中,王艮批评当时的社会状况已到了"一人耕之,十人从而食之;一人蚕之,百人从而衣之"的地步,呼吁封建统治者要"去天下虚靡无益之费",使"民得其养"。为了强调"百姓日用"的重要性、合理性,王艮引经据典,用孔子的话说:"我是那种匏瓜吗,挂在那里不用吃东西?"

王艮把"百姓"和"圣人"放在等同的地位,认为圣人之事就是百姓日用之事,圣人之"道"就是百姓日用本身。他说,"圣人经世,只是家常事","百姓日用条理处,即是圣人之条理处","圣人之道,无异于百姓日用;凡有异者,皆谓之异端"。他认为"僮仆之往来,视听持行,泛应动作,不假安排"才是"道",强调"即事是学,即事是道。人有困于贫而冻馁其身者,则亦失其本而非学也"[①]。他甚至引用孔子"吾岂匏瓜也哉,焉能系而不食"这样的话以佐证与强调"百姓日用"就是"道"的重要性。据此,王艮事实上将"百姓日用"也即人民群众的日常生产和生活等天天都在进行着创造社会物质与精神财富的活动看作"正道",那些经书上的教条,那些"形而上"的玄而又玄的东西,广大人民群众不能知、不能行的东西则被他视作"异端"。王艮将日用之学提升到新的高度,将这一学说发展到极点,以圣人、百姓穿衣、吃饭这一家常事,打破宋明理学承天理、灭人欲的思想樊篱,推动和形成早期启蒙思想大潮。

---

① 《王心斋全集》,卷一《语录》,第13页。

王艮赋予日用器物这些人类劳动的产品以"道"的含义,在他看来,"圣人之道"(正道)还是"异端"的判断标准,就是能否满足广大平民百姓吃饱穿暖、摆脱贫困的日常生活需要。而他从"愚夫愚妇"的日用生活中体认天理人性的无所不在,得出"格物致知"的知识论,是一种何等宝贵的具有辩证唯物历史观的思想萌芽!这一思想认识观,竟与马克思主义历史唯物主义的群众史观有惊人的吻合之处。

图 2-3 崇儒祠中王艮讲学场景

二、伟大的平民政治家

王艮一生追求实现"大明"社会,也就是他心目中的"尧舜之治"式的"人人君子,比屋可封"这样的"尧舜之梦"。"大明"一词,出自《易经·乾卦·爻辞》:"象曰:大哉乾元,万物之始,乃统灭。云行雨施,器物统行。大明终始,六位时成",指的是"尧舜之治"式的理想世界。王艮对于社会的政治类型,有过"三种景象"即羲皇景象、三代景象、五伯景象的区分。王艮十分憧憬、向往

"羲皇"、"三代"圣世,深恶痛绝"五伯"社会。在他的心目中,羲皇景象、三代景象、五伯景象,三种不同的社会形态非常具体。《年谱》记载:王艮在南京王龙溪的住处,与弟子们讨论什么是羲皇、三代、五伯之事,弟子们都没有回答出来。后来到灵谷寺游玩时,同行的人一起坐在寺门前唱歌咏诗,其乐融融,王艮说:这就是羲黄景象啊!不一会儿,王龙溪来了,大家纷纷起立相迎,王艮说:这就是三代景象啊!过了不久,一些隶卒因为骑价问题在寺门外发生争执,吵闹的声音很大,王艮说:这就是五伯景象啊!他进一步解释,羲皇、三代、五伯的景象也是随他的内心而感应到的,不必去看古代的国家是什么样子。从这段记述中我们可以看到,王艮所希冀实现的就是列坐咏歌的自由平等社会,如伏羲时代的社会一样。在那样的社会里,人们自由自在地生活着,唱着歌儿,哼着曲儿,日出而作,日落而息,和谐而又快乐。而不是像"三代"社会那样的等级森严,更不是像"五伯之世"那样人们生活不和谐,整天为了失多得少而纷争不息。在此,王艮借"三代景象"和"五伯景象"来暗喻明代社会的不良状况。

在著名的《王道论》中,他指出封建统治者不顾广大老百姓的死活,"制用无节而风俗奢靡",以致社会上出现了众多的流民,造成社会的不安定状况,明确要求统治者重德轻刑,施行仁政;予民教养,让民参政;均分土地,使民乐业。他认为统治者要向尧舜学习,以德治国。他说:"盖尧舜之治天下,以德感人者也。故民曰:帝力与我何有哉!故有此位,乃有此治。"他提出:"在上者,专以德行举士;在下者,专以德行取士。"这个德行就是"孝悌","孝悌"之德是"人之性也,天之命也,国家之元气也"。王艮把事亲和从兄提到了如此的高度,认为人们对父母孝、对兄长悌,社会就能安定。但王艮这里的"孝"和"悌",不是对父兄的盲从和愚孝,而是自己独立思考后的抉择。他倡导的是:父兄说得对的,要尊敬从命;不对的,要能抵制和纠正他们的一些错误的东西。有了这个孝悌之道,"故上焉者老吾老以及人之老,治天下可运之掌上","下焉者事父孝,故忠可移于君"。《年谱》中记载说,王艮的父亲相信鬼神,曾在家里供奉了神佛像。但王艮认为,与其求神拜佛,不如敬奉祖先。在他的多次劝说之下,父亲最终同意了王艮的要求,撤去了神佛牌位,在家庭和社会上弘扬孝悌之德。

三、伟大的平民教育家

王艮从"万物一体"的宇宙观出发,提出了实现社会"人人君子"的教育理想。王艮把教育事业看作"位天地,育万物",培养尧和舜一样的人的伟大事业,认为教师职业是"经世之业"。他把教师工作与修齐治平结合起来,强调要立"师道",说:"什么是天下最善的职业? 是教师! 当教师的人,要把握执中之道,比其他职业的人友善。所以,师道在社会上遵行,就会使友善的人多起来;而友善的人多起来,其中的一些人做了朝廷官员就会公正地处理事情,如此天下就能得到治理。"王艮"人人君子"的教育理想,源于他对当时严酷社会现实的认识以及希望通过教育这种方式,解除广大人民群众的痛苦生活,恢复社会的有效秩序,实现社会的理想之治。王艮效法孔孟之路教化天下,使"君为尧舜之君,民为尧舜之民",从而改变社会的不良状况! 在经商的同时开始了"寒暑无间"的体道学习,"日诵《孝经》、《论语》、《大学》,置其书袖中,逢人质义"①。悟道之后,他就把主要精力放在讲学传道的教育活动中。为了更好地宣传自己的"淮南格物"等思想学说,让更多的人了解和接受他的思想观点,他还在家门口贴出招生广告。这种创新之举,吸引了本地很多学生前来学习,其中,不少学生最终学业有成。

为了能使平民百姓都能通过接受教育而成圣为贤,王艮以"万物一体之仁"的精神,把孔子"有教无类"思想落实在行动之中,使教育对象大众化、平民化。孔子授徒,用他自己的话说,只要学生交上一束腊肉干以上作为学费,没有不尽心尽力地教诲的。也就是说,他既有坐在家里等学生上门求学的意味,而且还得带有贽见的礼物——"脩"。尽管说孔老夫子倡导平民教育,而事实上往往由于普通百姓连基本生活都难以保障,读书只能是富家子弟或官宦后代的特权。而王艮却不同,他对学生的求学是大门敞开的,甚至不收分文学费。在他的学生中,有达官贵人,但更多的则是佣工、樵夫、陶匠之类的平头百姓。大

---

① 《王心斋全集》,卷三《年谱》,第68页。

学士李春芳到安丰场向王艮讨教了一个多月，目睹了在安丰场东淘精舍听课学习的情况。王艮的讲述绘声绘色：乡中百姓不论是农民还是商人，一到傍晚必定前来听课学习。经常听到人们谦让座位，而王艮总是对大家说：坐吧！坐吧！不要因为互相让座而浪费了时间！所以，王艮弟子赵贞吉这样评价说：先生接待听课的人，哪怕是对待衙仆或家佣，礼数都非常周到细致！王艮毕生从事平民教育，他定下了"不以老幼贵贱贤愚，有志愿学者，传之"的教育方针。在教学方法上，他强调简易直接、启发诱导，反对死记硬背，注重学生的乐学与领悟自得，认为教师要宽容学生，还要做到循循善诱，耐心引导，促使学生自改自化。为了传播他的教育理念，他潜心创作了《乐学歌》："人心本是乐，自将私欲缚。私欲一萌时，良知还自觉。一觉便消除，人心依然乐。乐是乐此学，学是学此乐。不乐不是学，不学不是乐。乐便然后乐，学便然后乐。乐是学，学是乐。呜呼，天直之乐，何如此学，天下之学，何如此乐。"因为朗朗上口，平白如话，通俗易懂，可以学唱，这首诗歌至今在泰州一带还广为流传，不少家长和教师用其来引导、教育孩子。由此可见，王艮真正是中国历史上既大力倡导又毕生躬行的为数不多的伟大平民教育家。

第三章 平民学派的『尧舜之梦』

泰州学派形成于明朝中期，以王艮为代表的平民儒学家发展了王守仁的心学思想，反对束缚人性，致力于实现学派憧憬的"尧舜之梦"，引领了明朝中晚期的思想解放潮流，成为中国历史中第一个真正意义上的思想启蒙学派。

第一节　百姓日用之学的迅猛发展

泰州学派是一个平民儒学派别。学派创始人王艮以先觉为己任，广泛进行讲学教化活动，到处传播百姓日用之学，使得其学术思想深入人心。其后的数代弟子也纷纷高举祖师王艮倡导的"百姓日用即道"思想大旗，把学派的薪火越烧越旺！

一、开创阶段（16 世纪 20 年代—30 年代）

按《年谱》的记载，王艮是在 55 岁时变相地承认自己"自立门户"的。56岁时，御史陈让本来要来拜访王艮，但因为眼睛有了毛病而不能前来，于是写来一封信，称赞王艮是海滨的高儒，人品学识堪比伊尹、傅说。伊尹、傅说是商朝时期的两位宰相，虽然说身份都是奴隶，但伊尹辅佐商汤、傅说辅佐武丁，把国家治理得繁荣昌盛起来，所以王艮说伊尹、傅说二人做到的事自己不能做到，伊尹、傅说二人的思想学说自己不会去用。弟子问他为什么这样说，王艮回答道：伊尹、傅说二人能遇到贤明的君主，可以说是一种奇遇，如果遇不到，只能独善其身罢了，但孔子就不是这样的人。王艮的言下之意是，当今的皇帝并不是明君，不可能让我有像伊尹、傅说那样的机遇去施展才能。我要像孔子一样，尽自己的所能去教化天下。在《安定书院讲学别言》一文中，他阐述"师道"与"天下治"的关系时对孔子极为推崇，表示既然"出"不能为"帝者师"，但"处"一定要效法孔孟当"天下万世师"，追求实现自己的人生理想，终于开创了被侯外庐先生称之为"中国封建社会后期的第一个启蒙学派"的泰州学派。

泰州学派独特的学术思想内容，标新立异于当时的思想界。我们可以从王艮师从王阳明前后两个阶段的情况来进行观察。在拜师王阳明前，王艮主要是尊崇和吸收了孔孟原儒思想，并在一定程度上进行了理论的创新。第一，从他"日诵《孝经》、《论语》、《大学》"，可以看出他学习宣传的是传统儒家的思想内容。尽管明洪武八年(1357年)就有规定，乡村子弟八至十四岁要入社学读四书五经、《大诰》等儒家经典进行三纲五常启蒙教育，但王艮只是在七到十岁之间读过乡塾，而且还是"信口谈说"。推测这三年的学习时间，应多是识字活动，由此可研判他受到程朱理学思想的影响不会太大。第二，从他的"招生广告""此道贯伏羲神农黄帝尧舜禹汤文武周公孔子"宣传看，可以明确断定他的思想是承继孔孟思想而来。第三，从他着古冠服、坐招摇车，"行则规圆矩方，坐则焚香默识"等的讲学形式看，是从外在形式反映了内在的孔孟原儒思想内容。第四，从他"讲说经书，多发明自得，不泥传注"的讲学和"立谈之顷，化及中贵"的"止猎之行"等，可以佐证他对传统儒家思想有了一定程度的创新。正因为此，王艮在泰州安丰场的讲学能直入人心，得到广大普通百姓的认可。而师事王阳明之后，王艮在思想上受到王阳明心学思想的影响，总体上看是汲取了王阳明"良知说"之长，补了自己的学术思想之短，如他在42岁时的"指百姓日用以发明良知之学"。但同时有一种情况则是，他借了王阳明"心学"处于当时社会思想界显学地位之势，悄然树起自己的"泰州之学"和"尧舜之梦"大旗，如他"集同门讲于书院。先生言百姓日用是道"，"四方从游日众，相与发挥百姓日用之学"等。与此同时，王艮的学术思想在不断创新中走向成熟。这从他的学术创造历程中可以清晰地看到：40岁作《鳅鳝赋》，43岁作《复初说》，44岁作《安定集讲说》、《明哲保身论》、《乐学歌》，45岁作《天理良知说》，54岁作《勉仁方》，55岁"悟格物之旨"，57岁作《大成歌》，从而最终完成了自己学术思想大厦的建构。

王襞对其父王艮思想的产生和发展过程，曾有过一个总结性评价。他认为，先父的学术过程有三个发展阶段：刚开始，没有师承可以学习借鉴，完全靠自己的天资去理解，经常产生独特的学术见解，而且父亲一直把自己看作圣人，非常严格地要求自己。到中间阶段，遇见王阳明拜师学习后，学识水平变得高深起来。他遵从恩师的教诲，把良知心传用简单易行的方法进行宣传，而且使人在天然率性的乐学过程中领悟知识，当下就能使人学有所获的方式，是通古往今的最快路径。晚年阶段，他认清作为圣人的出处进退之道，本着良知之心与天下万物一体的襟怀，把握世间局势运转变化的奥妙，学习效法至圣先师孔子，"出"就要做皇帝的老师，"处"就要为天下万世人的老师。这正是做到了"中和"的境界，而且他修身讲学教化他人的做法与曾点乐于教化童子是相同的。这都是遵从了《大学》之中关于格物修身立本的要求，既不顺从社会时风，也不追求社会地位，但把握住了天地万物变化的根本宗旨，"出"可以随时"出"，"处"可以自由"处"，这就是他所说的"大成圣"。此评将王艮的人生三个阶段进行了准确的概括，真真是刻画精准也！

王艮作为学派的创始人，之所以能够"自立门户"，除了独树一帜的"格物之旨"、"百姓日用即道"等学术思想内容外，更有他49岁门下已"四方从游日众"等原因。人是第一位的要素，若无"四方从游"者，就无师承；若无"格物之旨"等独特思想内容，也就形不成彼此联结的思想纽带。泰州学派的形成，应是这两个方面相互作用的结果。王艮把自己的学术思想称为孔子之后"将绝二千年"的"大成学"，对多数学习不传，而只对极少数学生进行"未可以笔舌谆谆"的"口传心授面会"。王艮认为徐樾"信道之笃,乃天下古今有志之士,非凡近所能及也",而传其"大成学"。侯外庐先生指出:"泰州学派的师弟传承关系,有一般的关系,也有比较特殊的关系。大成之学的传授,只能在比较特殊的关系中进行。被传者,在同门中的地位就较一般门人有所不同,即所谓'得泰州之传'。"王艮的这种做法,营造了弟子们竞相追随的学习局面。如颜钧北上访学到达北京后,师事徐樾三年。之后,他又直接到王艮处求教,从而"得泰州之传"。作为泰州学派得到真传的颜钧,极大地扩大了泰州学派的思想影响。事实上,我们在黄宗羲的《泰州学案》里,也常见到某人"得泰州心斋之传"的说法。而从袁承业撰《王心斋先生弟子师承表》收录的王艮一传弟子148 人的情况看,有字、号、事实、住址的 79 名可考者中有当过官者 27 人,其中得真传者有以下八人:徐樾、王栋自在其首;陈芭,表中称"闻师道深";董高,表中称"少闻心斋学……游历数载";周良相,表中称"所得于心学者粹矣";朱锡,表中称"师事心斋,居四年",且王艮使四子王补为其徒;程弘忠,表中称他"得心斋学为最深切,倡学湖南";张峰,两刻《心斋语录》。为平民者 52 人中,亲属加师生关系的有 6 人,师生关系的有 46 人。除 6 名亲属外,有明确记载的是朱恕、季宦、胡秉观等 3 人得到真传。特别是胡秉观,在学成归去时"心斋以诗送之,谓'闻尧舜之道,明孔孟之学'"。后来,他果然在湖南"毅然以倡学自任",以至"生徒日盛,达官显贵者送门延礼无虚日"。

二、兴盛阶段(16 世纪 40 年代—70 年代)

在泰州学派的众多人物中,王艮、王襞和王栋三人被合称为"淮南三王",也有称"淮南王氏三贤"。王艮去世后,其子王襞遵从父嘱,"毅然以师道自任",在家乡安丰场开门授徒。王襞继父教席讲学传道之后,名声不断扩大,前来拜他为师的人很多。袁承业所撰《明儒王东崖先生遗集》的《先生行状》中这样描述道:"开门受徒,时年三十矣,毅然以师道自任,讲学于东淘精舍。凡月三会,凡会大有所发明,毋论后进者,倾诚悦服,即先公群弟子无不事先生若先公也。"

根据《王心斋先生弟子师承表》记载统计，王襞的弟子有116人之多，而且分布广泛。其中，江苏省56人中：泰州44人、扬州5人、盐城3人、常州1人、镇江1人、南通如皋2人。此外，福建4人，江西3人，湖北2人，安徽1人，四川1人，还有未详地域的49人。时任泰州督学的耿定向对王襞十分推崇，说："心斋无东厓不成其圣。"王襞作为光大王艮学术思想的关键人物，在延续、发展泰州学派思想命脉方面，发挥了他人无法替代的重大作用。

王栋是王艮的族弟，也是泰州学派思想的重要发展者和传播者。他年幼时学医，后来读儒学，先是拜王阳明的弟子、泰州知府王瑶湖为师，后拜伯兄王艮为师。王栋一生怀抱重铸世界之志，以讲学为重，尤其注重乡村教育。特别是他把讲学教育与讲会结合起来，使讲会既成为学者们会聚的场所，又作为书院以外的教育形式，极大地宣传了泰州学派的学术思想。可惜的是，由于年代和地域的关系局限，袁承业在编撰《王心斋弟子师承表》时，只收录到王栋的三名弟子。事实上，我们从王栋的教育经历可以看出他在当时所教弟子众多，对泰州学派思想宣传作出了重要贡献。而他自己也在对王艮学说进行补充和修正的基础上，形成了独特的学术体系，在泰州学派乃至中国思想史上占据了重要的地位。

颜钧是王艮一传弟子徐樾的学生，后从北京专程来到泰州安丰场当面接受了王艮的教诲。颜钧的内心，有着与王艮一样迫切改变社会现状的强烈救世动机。从泰州学成回归江西家乡的路上，到了南昌城后就到处张贴"急救心火榜文"，提出要"翊赞王化，倡明圣学"，用泰州学派王艮的思想去教化人心。与王艮相类似的是，颜钧的讲学始终带着一种教主式的自信。他以"泰州正传"自居，公开申明自己的学术思想是孔孟之后两千多年来失传的"大成之学"，并说天底下的讲学教化从孔子这个创始人开始，自己是作为继承人"肩承师任"来拯救人心，通过学术思想宣传挽回社会日益颓败的风气，进而"以易天下"，实现改造社会的任务。有学者评价颜钧的学术创新是"不仅把王艮的大成仁学上升为大成仁道，发展了王艮哲学的主体性，把王艮的王道、仁德社会理想实践化，而且建立起自己的平民儒学体系——大中之学"①。正因此，颜钧讲学产生的社会影响非常之大。如他在泰州、如皋、江都、扬州、仪征等地讲学时，周围聚集了来自山东、陕西、江西、浙江等地的士人和平民听众。据称，当时接受其思想学说而没有留下姓名的人，就有"几千百众"。尽管在《王心斋弟子师承表》中，仅收录他的弟子罗汝芳一人，但实际上他的弟子之多远非如此。当时有人评价颜钧说："先生当时以布衣主盟坛坫，倾动天下，得名太高，故招忌太甚。"②由此可见，作为泰州学派重要传人的颜钧，不仅创新了王艮的学术思想内容，而且极大地张扬了泰州学派的思想影响。

罗汝芳是颜钧的弟子，算起来可以作为泰州学派的第四代传人，当时的人们用"龙溪（王畿）笔胜舌，近溪（罗汝芳）舌胜笔"来形容罗汝芳的讲学水平。他不仅到处参加会讲，如"与颜钧讲学于北京的灵济宫，听者数千人"，"与门人南游江、浙、闽、广，到处讲学，所至弟子满座"，还在家乡"建从姑山房以待讲学"。甚至在他出任宁国府太守时，主政方式也是运用教育的手段，"联合乡村，各兴讲会"。罗汝芳在云南道巡察副使任上有五年的时间，除了忙碌于屯田、兴修水利、主持科举武举等公务外，每到一地必举办讲会，昆明的五华书院和春梅书院是他讲学的重要场所。他通过讲学教化活动，将泰州学派的思想文化种子播撒到祖国的西南边陲，极大地拓展了泰州学派学术传播的范围。后他在官拜右参政后，因讲学引起宰相张居正的严重不满而被罢官归里。作为"泰州"四传重要弟子，他的学术思想"一因本泰州之传统风格；二因特重光景之拆穿；三因归宗于仁"③。虽然他是颜钧的学生，但由于其资质与自身的生活背景，对"泰州之传"的接受程度与表现形式，明显地与颜钧不同，反而更类似晚年的王艮。故而，有学者评价他是"泰州派中唯一特出者"。黄宗羲对罗汝芳给予高度评价，认为他"一洗理学肤浅套括之气"。

---

① 胡维定：《从王艮的"大成仁学"到颜钧的"大成仁道"》，《南京师范大学学报》（社会科学版）1997年第3期。

② 颜钧：《颜钧集》，黄宣民点校，中国社会科学出版社1996年版，第96页。

③ 牟宗三：《从陆象山到刘蕺山》，上海古籍出版社2001年版，第288页。

　　何心隐是颜钧的又一个弟子,泰州学派中杰出的平民教育家、思想家和殉道者。他原名梁汝元,因参与斗倒严嵩而被迫改名。何心隐不喜空谈,讲学宣传的活动能力非常强,29 岁就在江西永丰创办书院讲学,后来又在北京、南京、福建兴化、莆田和浙江杭州、湖北孝感等多地讲学。当时的宰相张居正为了控制思想界,极力推行封建文化专制主义,把书院视作聚党议政的地方加以取缔,鼓动明神宗下诏书把全国各地的书院焚毁掉。对张居正所推行的"诏毁天下书院"做法,何心隐不仅极力反对,还写万言长文《原学原讲》,倡导"必学必讲",而且敢于"讥切时弊",指斥张居正搞"专政",并且准备"上书阙下"。于是,张居正视他为"叛逆",最终诬称他为"妖人"、"逆犯"、"盗犯"、"奸犯"而虐杀。因何心隐所宣讲的思想内容影响相当之大,所以才会有黄宗羲在其巨著《明儒学案》中专列《泰州学案》评价说:"泰州之后,其人多能赤手以搏龙蛇,传至颜山农、何心隐一派,遂复非名教之所能羁络矣。"这是对颜钧、何心隐师徒二人在泰州学派中的地位和影响的最高肯定。

三、顶峰阶段(16 世纪 80 年代—17 世纪 30 年代)

　　泰州学派思想发展到李贽,进入了更全面、更成熟、更系统、更激进的阶段,也就是顶峰阶段。在中国思想史上,李贽是一个颇带传奇色彩的人物,对李贽影响较大的,是泰州学派的思想家如徐樾、颜山农、王襞、罗汝芳、焦竑、何心隐等。李贽还拜王艮的儿子王襞为师,在王襞去世后专程到安丰为其守墓。李贽对泰州学派十分称道。他的"童心"说、"圣凡平等说"以及对封建道学的批判,与泰州学派是一脉相承的。李贽一生著述甚丰,有几十种之多。其代表作有:《藏书》68 卷,《续藏书》27 卷;《焚书》6 卷,《续焚书》5 卷。李贽的学说在当时的影响非常之大。朱国桢在《涌幢小品》中说:"今日士风猖狂,实开于此。全不读'四书'本经,而李氏《藏书》、《焚书》,人夹一册,以为奇货。"朝廷官员中,相当多的人与他有着广泛的思想共鸣。常跟他在一起聚会的官员有楚中袁玉、太史袁宗道、中郎袁宏道、浣上吴本如、蜀黄慎轩、浙中陶望龄等人。而且他们"旬月必有会",以至"高明士夫,翕然从之",甚至意大利传教士利马窦也是他的好朋友,二人之间进行了多次深入的思想交流。在社会上,只要李贽一开坛讲学,不管他在什么地方,哪怕是在深山老林里的寺庙,和尚、樵夫、农民甚至连女子都来听讲,几乎是十里空巷。朱国桢在《涌幢小品》中说,李贽学说"最能惑人,为人所推,举国趋之若狂"。由于李贽公开以"异端"自居,提出的一系列思想主张与传统观点相背离,明神宗以"敢倡乱道,惑世诬民"的罪名将他逮捕入狱,最终自刎而死,著作也被列为禁书。

作为泰州学派的中坚人物,李贽"童心说"在文艺领域掀起了"平民生活美学"运动,他的文艺美学理论成为当时反对复古主义文学、针砭时弊的强大思想武器,把明代中后期的思想启蒙运动推向了一个全新的发展阶段。他提出了著名的"穿衣吃饭,即是人伦物理"的命题。可以说,李贽的这种异端思想与当时封建伪道学"存天理,灭人欲"的性理之论完全对立,也对当时乃至以后的思想文艺界具有巨大的启蒙作用和深远的影响。在他的"异论"影响下,首先,是在诗文创作领域应运而生了公安派的"性灵说"。有"公安三袁"之称的袁宗道、袁宏道、袁中道兄弟曾直接师事李贽,在文学思想上深受其影响。"性灵"理论的真谛,就是重情崇真,即写作一定要是真情流露,言真情、写己心。由此,公安派的文学作品也形成了崇真、尚奇、重情的人文特色,一扫当时文坛学舌七子"剽窃成风,万口一响"的沉闷局面。其次,是在戏曲、小说等通俗文学方面对传统的文艺观念产生巨大冲击和影响。在李贽"真心"、"自然之为美"的文学评价观影响下,汤显祖打出了"情"的旗帜,以"情"反"理",创作出了中国文学史上最优秀的浪漫主义戏曲《牡丹亭》。而在小说界,冯梦龙(1574—1646)编辑创作出"三言"(《喻世明言》、《警世通言》、《醒世恒言》)小说,凌濛初(1580—1644)又在"三言"的直接影响下写成"两拍"(《初刻拍案惊奇》、《二刻拍案惊奇》)小说。正如它们的选本《今古奇观》序言中所说,"极摹人情世态之歧,备写悲欢离合之致",成为反对封建理学的有力思想武器。

徐光启是明末最为著名的"实学者"。他以耿定向为师,又在焦竑门下学习,还与王襞、罗汝芳、李贽等有过交往。不仅如此,他本着"欲求超胜,必以会通"的思想,大胆接触西学人士,接受了天主教的思想,并运用西方科学知识,丰富、完善或弥补我国传统的科学研究。他创造性地使用了归纳法与演绎法,亲自参与天文观测、农业开垦、水利测量等方面的科学实验和生产实践,在数学、天文历法、军事方面都有著述,取得了多方面的成就。如在农田水利方面的著作《泰西水法》,对发展我国农田水利事业作出了重要的贡献,是我国中世纪最重要的一部有关农田水利科学的著作。又如他撰写的巨著《农政全书》共 60 卷,内容宏富,计有农本、田制、农事、水利、农器、树艺、蚕桑、蚕桑广类、种植、牧养、制造、荒政等 12 目,堪称当时中国农业科学遗产的总汇。《明史·徐光启传》称:"光启雅负经济才,有志用世。"徐光启是中国历史上开向西方学习风气之先的第一人。在他的影响和带动下,明末社会掀起了一股向西方学习科学启蒙思潮。这股科学启蒙思潮和文艺启蒙思潮的结合,使晚明社会呈现追求个性解放的早期启蒙热潮。

第二节　学派中坚的多彩人生

泰州学派创始人王艮在安丰场开宗立派之前就有为数众多的弟子追随其后。他的众多弟子中,既有社会上层官吏、知识分子,更有众多的社会下层普通群众。由于从创始人到几代传人多致力于优良传统道德的宣传和普及工作,对社会的和谐安定起到了积极的作用,因此学派成员一度受到朝廷的青睐,学派也成为晚明的显学。但因学派倡导的思想解放矛头指向封建统治,动摇了封建专制的思想基础,终为统治阶层所不容,学派活动和学派人物多受到限制、迫害。现从泰州学派众多精英传人中择出部分中坚人物,以彰显他们对泰州学派发展的杰出贡献。

一、布衣出身　梅香苦寒

泰州学派以王艮为代表的杰出人物,大多出身寒门,本土的知名人物多为布衣,砥砺奋进、勤于学习是他们的共同品质。《王心斋先生弟子师承表》

中,王艮的一传弟子中,比较详细记载的有 79 人,平民出身的共有 52 人,而本土平民弟子就有 33 人之多。

1. 东海贤人——韩贞

韩贞(1509—1585),字以中,号乐吾,泰州兴化市戴窑人,陶匠出身,世代以烧窑铸陶为业。据《明儒王心斋先生学谱》学侣考的记载,韩贞自幼家境贫寒,只有茅屋三间,后用之还债,只得住到窑洞之中。为此,他自咏道:"三间茅屋归新主,一片烟霞是故人。"①尽管"箪瓢屡空,衣若悬鹑,晏如也"。韩贞童年时就爱好学习,以茅作笔于砖上学字。15 岁时,其父因病死无钱下葬,他为人放牛取得工钱葬父。19 岁时母亲病故,故而初信佛学。

图 3-1　韩贞像

25 岁时,韩贞经朱恕的引荐到王艮门下学习。由于他家境贫穷,穿着寒酸,受到别人耻笑。于是,他作诗一首题于璧上,诗云:

随我山前与水前,丰蓑霜雪丰蓑烟。

日间着起披云走,夜里摊开抱月眠。

宠辱不加藤裸上,是非还向锦袍边。

生成难并衣冠客,相伴渔樵至圣贤。

王艮见到此诗后,当即赋诗称赞道:"莽莽群中独耸肩,孤峰云外拂青天。凤凰飞上梧桐树,音响遥闻亿万年。"赏赞之余还给他赠巾衣。韩贞先拜王艮为师,在王艮逝世后又师从其子王襞。他学成归乡后,建三间学堂,穿戴着王

---

① 《颜钧集》,《附韩贞集》,第 188 页。

艮送的深衣高冠开班授课。因他笃学力行,品德高尚,曾深得王艮赞赏:"继吾道者,韩子一人而已。"

《扬州府志》载:韩贞"天性孝友",心慕圣人之学。家贫早餐不够,待人吃完后才吃剩下来的。他认为"道在尧舜,尧舜孝悌而已"。对乡间有司赠物,一切谢绝;虽家无积余半菽,却分给贫乏之人。《理学韩乐吾先生传》载:"韩贞仅居蓬屋之间,以陶业为生,却常借贷于人。蓬屋坏了,便居在破窑中。"

韩贞乐善好施,偶有余粮,即赈济他人。《理学韩乐吾先生行略》中有诸多记载:韩贞35岁时,家乡遇到大旱天气,为了族人能交上官租,他先是到海边想当塾师,期望能取得报酬为族人完租。在没找到学生的情况下,他就跑去帮人煮盐,吃尽辛苦之后,将所得分给族人去交官租。乡中之人都称韩贞为"韩大善人"和"贤人"。46岁时,家乡又遭大旱。他把家里仅有的一点积余拿出来分给乡亲,还拆了自己的讲堂换来一些米麦分给乡邻。到秋收时,许多人深感其仁义,主动前来为他又盖了三间讲堂。邑中有遗孤,韩贞抱回来抚养。学生王臣绝粮,韩贞济养月余,衣服和饮食均先给他,王臣常常感动得流泪。有人晚上缺粮断炊,韩贞就把自家第二天早上的口粮先送给人家。妻子对此感到不悦,韩贞开导说:"我缺早餐,而他却缺晚餐,今晚过不去,我们可以坚持到明晨再说。"韩贞所在的家乡俗称里下河"锅底洼",隆庆三年(1569年)发大水,土地被淹,房子被冲,人心思乱,有人家卖妻易子而食。韩贞即赋诗教化灾民,引导灾区百姓邻里相帮、生产自救。对韩贞的善义之举,邑令嘉赏他白米、白金,韩贞则把这些分给周围的乡亲。韩贞说:"有私非入道,无欲始凝神"(《示董子儒》),"剩有残膏携满袖,愿发梓里济苍生"(《上太师求相国》),"众乐乐中非我乐,独安安里是我安"(《勉盛子忠》),"十分善处十分乐,百万财来百万忧"(《与孙玉峰》)。他提出"圣贤担子无多重,着实担当做好人"(《勉赵如蛟》)的人生追求。

韩贞一生以教民化俗为己任,讲的都是贴近老百姓日常生活的问题,而且语言生动活泼,容易理解,所以农工商贾从游者千余人。秋成农隙,聚众讲学,走村串户,以此为乐。耿定向所作《陶人传》中说:先生在学业有成之后,就毅然地以倡道化俗为己任,不管是佣工还是商人、隶卒等,都跟随他学习。

他随时随机地启发诱导,使变得善良的人数以千计。每年秋收结束之后,一大群弟子盘腿坐在他的面前,互相之间讨论学习,一连多天都是如此。高兴之余,他们就一起登船而行,一路上唱着歌,朗诵着诗,从一个村庄到另一个村庄,歌声与棹声相和,看上去如同一群神仙在瀛洲与阆苑之间漫游一样。

韩贞著有《韩乐吾集》,门人许子桂等编有著作《乐吾韩先生遗事》。因为韩贞后来在颜钧来泰州为王艮守墓并讲学期间跟随其后学习半年时间,中国社会科学院黄宣民先生在编撰《颜钧集》时,特意将明万历本的《韩乐吾先生遗集》与雍正本《韩乐吾集》汇编校订成为《韩贞集》附于后,成为我们今天研究韩贞思想的重要文献。

韩贞的家乡戴窑镇有一条路,名为乐吾路,是家乡人民为了纪念韩贞所命名。戴窑镇人民政府还在其墓址——戴窑镇西郊兴建乐吾公园。如今,乐吾公园以乐吾牌坊为中心,形成水亭廊,繁花绿翠相间,建筑小品丰富、配套设施齐全的一个集旅游、度假、垂钓、休闲、娱乐为一体的旅游景区。

在兴化城中心十字街口,有一明代建筑四牌楼,牌楼上挂满了纪念兴化历代名人的大大小小匾额共 47 块。其中有一块写有"东海贤人"四个字的匾额,赞美的就是兴化四大文化名人之一的泰州学派代表人物韩贞。

2. 耕樵——颜钧

颜钧(1504—1596),字子和,号山农,后因避万历皇帝讳而改名铎,江西吉安府永新县人。明代杰出的平民思想家,泰州学派的代表性中坚人物。

颜钧小的时候,由于智力发育得比较晚,曾被人看成"痴儿"。他在《自传》中说自己"生资淳庞,十二岁始有知识。十三至十七岁,随父任常熟教谕,习时艺,穷年不通一窍"[①]。他的学生罗汝芳记载:"颜钧生永

---

① 《颜钧集》,第23页。

图 3-2 颜钧像

新山中,自幼形质癯瘠,心性冥昧,世事亦无所知……人皆目为痴儿"(《揭词》)。清初贺贻孙《颜山农先生传》也说:"(钧)为儿时不慧,十九读《孟子》,弥日不成诵"①。17岁时,颜钧的父亲病死在常熟任上,他与兄颜钦、颜铸护送父亲灵柩回家乡。然而,他父亲的灵柩尚未入土,长兄颜钦因被人陷害,家中遭到洗劫,从此家道中落,贫困潦倒时时威胁全家,因此失学。颜钧感到相当苦闷,觉得自己在社会上无立身之地寸步难行,深感世态炎凉,人情淡薄。

明世宗嘉靖七年(1528年),颜钧25岁时,其兄颜钥被举入白鹿书院,听人宣讲王阳明的"良知之说"。颜钥听后很感兴趣,手抄《传习录》带回家与颜钧等研读。颜钧读后,感觉进入一个全新的世界,从人生的百无聊赖中走了出来。他受王学启发后做的第一件事,就是在家乡倡导建立了"三都萃和会",召集亲属、家族及乡间的男女老少700多人,听他"讲耕读孝弟之学","士农工商皆日出作业,晚皆聚宿会堂"。然而,正当"萃和会"蓬勃兴起时,颜钧的母亲因病去世。他深深感到自己"力学年浅,未有师传",便走出家门去寻师学道。

从26岁到33岁的七年间,颜钧在江西吉安本地遍访王门弟子,都没有什么收获,有时甚至还受讥讽,这使他很受刺激。于是,他决定走出吉安,离家北上寻访名师。在北京,他遇见了王艮的学生徐樾,从学三年后,他又经徐樾介绍,直接到泰州王艮处求教,因而亦得"泰州真传"。而颜钧本人也以得"泰州正传"自居。在从泰州学成回江西的船上,颜钧写信给王艮说:"千古正卯,昨日东海传将来;四方公凭,今朝西江发出去。"②得到泰州嫡传的快乐心情,跃然纸上。他还作《快活歌》一首,反映了寻师终于得道回归的愉悦心境以及他对泰州学派学术思想的高度评价。歌曰:

> 快活歌兮快活歌,从师归来快活多。
>
> 仁义礼智根心坐,晬面盎背阳春和。
>
> 举手揖让唐虞事,百战不用汤武戈。

---

① 《颜钧集》,第82页。

② 《颜钧集》,第25页。

　　一个被社会视作"痴儿"之人，通过发愤努力得道后，他首先要做的竟是要回报社会。颜钧回到江西后，首先就是作《急救心火榜文》，广为张贴，招揽听众。南昌城轰动了，他的讲演会场听者云集。颜钧本来是想携家眷再一同前往泰州安丰场，准备侍读于王艮的左右。然而没想到，因为途中讲学耽误了时间，他人还没有到家，王艮去世的消息就已传到。为此，他"心丧三月"。

　　其后，颜钧到北京倡会讲学，宣传泰州学派思想。这一年的秋后，他专程带着学生罗汝芳等人再次回到泰州安丰场，为恩师王艮守墓三年。他先在心斋祠会讲半月，接着就以安丰场为中心，在泰州、如皋、江都、扬州、仪征等地开展讲学活动，宣传"大成之旨"。如前所说，颜钧后来在讲学中还以"神道设教"来扩大宣传效果。据记载：1544年的一天，他把大家聚集在心斋祠中，会讲时间长达半个月，专门传授王艮发明自得的关于《大学》、《中庸》的内容。他把祠堂的屋顶上画着冥苍的图案，中间悬挂的"大中之象"正处于所画的北极星圆圈之中，由此显得特别明显和奇异。他和罗近溪带领一群弟子跪着祷告说：如果上天愿意我颜钧等悟出"大学、中庸"的学问，就恳请立刻让浮云消失，以使我们得到多方开导。话音刚落，冥苍正中间就开出一个大圈，而大圈的外围则云雾不散，如同一轮明月照耀着。颜钧等人足足观看了有两个时辰，欢呼庆祝，快乐无比，叩头感谢恩师王艮的神灵保佑。

　　此后，颜钧回到江西参与会讲。几年后，颜钧听说王艮的学生、自己的好友徐樾战死云南，悲恸不已，即孤身前往，辗转数年，寻得徐樾的碎骸，归葬于安丰场王艮墓侧。50岁前后，颜钧往来于南都（南京）与北京之间，与四方学友会明"圣学"，作《告天下同志书》，参加灵济宫讲会。

　　颜钧的种种言行，使得当道者惊恐万状。在他63岁时，因讲学遭逮捕，但无法定其罪，只得诬以"盗卖官船"而判入狱三年。这三年期间，弟子罗汝芳不赴廷试，朝夕侍奉，并具"揭词"鸣冤，变卖家产，发起募捐为他进行所谓的"完赃"。在罗汝芳的努力下，颜钧66岁时，从南京出狱转往邵武，被两广总兵俞大猷礼聘为军事，在军前任参谋达两年之久。此后颜钧被放归回乡，主要从事讲学和著述。

　　万历二十四年（1598年），颜钧逝世于家中，享年93岁。其墓葬于永新中陂村后金鸡山上(今已不存)。

颜钧被誉为是明末清初黄遵宪、顾炎武、王夫之等启蒙思想家的先驱人物。颜钧留下的著作,是由中国社会科学院历史研究所黄宣民先生根据颜氏族裔辑成的《颜山农先生遗集》进行标点整理出版的《颜钧集》。被封建卫道士们视为"黄巾"、"五斗"式的人物,当是对颜钧在泰州学派掀起的启蒙思潮中所起作用的高度评价。

3. 天南逸叟——王襞

王襞(1511—1587),字宗顺,号东崖,自称"天南老子",又称"天南逸叟",是泰州学派创始人王艮的次子,学派思想的传播与光大者。

王襞九岁随父至会稽,游学于王阳明门下。王襞幼时"器宇不凡",《明儒王东厓先生遗集》卷首《年谱记略》曾记年仅九岁的王襞"临大会而高歌"和"面犬吠而不动"事:一日,数百名士大夫集会,王阳明提议:"哪位学生唱首歌吧!"大家面面相觑,这时童子王襞站起来,放声高唱自如,大家都感到惊奇。王阳明将其叫到面前

图 3-3　王襞像

仔细端详,惊讶道:"我说我们浙江没有这样的孩子。"又一日,王襞到王阳明府中,数十条狗突然从四方八方窜出来,一起对着他狂叫。王襞镇定自若,岿然不动。对峙一番后,一群狗一条一条地散去。王阳明见到后更是吃惊不已,激动地对大家说:"这孩子器宇不凡,我的学问有继承人了。"

由此,王阳明益发喜爱王襞,让他师事王畿等人,先后留越中近 20 年,结交的多是大儒和名士。王襞在阳明山中"巨儒硕士"的教诲熏陶和自己"悉心究竟"的刻苦努力下,14 岁时已经"精音律,善操",颇有儒雅之风。而一代心学大师王阳明看到他如此聪颖好学,自是十分喜欢,以玉琴相赠。王襞听说这是"王侯物",坚辞不受。这时的他,已做到进退有据,颇有大家之风范。

　　王阳明去世后，王襞回到泰州从学于父亲。所以，王襞既得王守仁、王龙溪、钱绪山之学，又"独得先公之传"。王艮在家乡授徒时，王襞成为得力助手。在他的张罗之下，"四方来学之士，集安丰者百余人，皆先生应酬之，内外上下贴然也"①。王艮去世后，王襞与其兄东堧执三年丧。执丧结束后，即开门受徒，"海内响应者，恍若心斋在焉。"

　　王艮对王襞十分信任，临终前对他说："汝知学，吾复何忧？"这一年，王襞刚近而立之年。为承继父业，他"开门受徒，毅然以师道自任。凡月三会，聚讲精舍书院"。王襞忠实地遵循父亲的嘱咐，不事举子业，一心讲学于草野之间。随着他的声望日益提高，"四方聘以主教者沓至"，先是罗汝芳聘请他到南昌宁国水西书院主讲、接着蔡春台聘请他到苏州主讲、宋阳山聘请他到江西吉安主讲、李文定聘请他到福建兴化主讲、董燧聘请他到福建建宁主讲、李臬华和樊养风等人聘请他到仪真（今仪征）主讲、耿定向聘请他到金陵主讲。这里特别要提出的是，他在金陵讲学时，当时任南京刑部员外郎、后被称为"异端之尤"的大思想家李贽投身门下。在他46岁时，甚至他的嫡叔王栋也要拜在他的门下做弟子，"是年嫡叔一山公欲师事先生，避不敢当"。

　　王襞的一生，恪守"不仕举子业"的父训，以宣扬"圣人之学"、"导民化俗"为己任，有着多次推辞做官的经历。他经常会讲于泰州崇儒祠，每会五天，声名远播。70岁的王襞曾作过一首名为"逸叟诗以识喜"的诗，此诗收录在《明儒王东厓先生遗集》卷二《诗类》中，诗云：

> 天南逸叟始为称，七十人间老自名。
>
> 占断东方春一角，望穷北极路千程。
>
> 新添岁月情何切，兴满乾坤气亦横。
>
> 正是山狂潇洒日，况多同伴喜趋迎。

　　一个"逸"字，道出了王襞先生的毕生追求。"天南逸叟"由此得名，而诗

---

① 《王心斋全集》，王襞《年谱记略》，第206页。

中表现出的"为天下万世师"的悠然之"性"和"潇洒"之情跃然纸上。他的这种"潇洒",实际上是一种对自由的追求和向往,也是对"存天理、灭人欲"的无声批判和无言反抗!

王襞继承了王艮的"王道"理想,追求建立一个"于父子而亲,于君臣而义,于长幼而序,于朋友而信,于夫妇而别"的"三代之治"式的理想社会,在家乡创立了"宗会",试图通过教化的形式首先解决宗族内部的问题,然后向改造家乡以至社会发展。这种理想实验虽未能持久下去,但反映了他对现实社会状况的不满以及企图做出改变的努力。

王襞77岁临终前,"危坐定气养神,时命门人梅圣辈雅歌取乐,顾门人曰:'尔等惟有讲学一事付托之。'复顾诸嗣曰:'汝曹只亲君子,远小人,一生受用不尽。'无一言及家事。"(《年谱记略》)可以说,王襞在继承和传播王艮学说,扩大泰州学派思想影响方面发挥了其他弟子不可替代的作用。

《心斋先生学谱·东厓学述》中说,王艮的五个儿子之中,东厓虽然是老二,但学问最为深邃。今天东南一带人们传看的王氏之书,讨论的多是安丰之学,如果不是王东厓使泰州学派思想影响充分的扩大,怎么会有这种情况出现呢?耿定向指出,王艮如果没有其子王东崖的努力,就不能成就圣人的事业。

二、狂者精神　时代斗士

泰州学派王艮以"万世师"自命的"狂者"精神,终生不入仕途而坚持讲学传道,教化天下百姓。他的这种"狂者"精神,深得社会广大下层民众的称道并成为泰州学派的思想传统。如弟子徐樾,在接受王艮"大成学"之后曾经想"解官善道",后来为平定叛乱战死在沙场。再如颜钧,始终怀着"救人心病"的社会责任感,坚持讲学传道被当作招摇惑众的"妄人"被捕入狱遭到流放,最终在颠沛流离中去世。其传人罗汝芳一生因讲学而屡遭排斥,罢官归里;何心隐"以布衣倡道"遭到统治阶级的迫害而慷慨赴死。而被统治阶级称为"异端之尤"的李贽,铁骨铮铮,宁折不弯,其强烈的叛逆性格和大无畏的反抗精神令当权者心惊胆战。学派诸贤勇于改造封建专制社会的叛逆活动和思想创新,形成了泰州学派独具早期启蒙主义的思想色彩。

1. 异端之尤——李贽

李贽(1527—1602),字宏甫,号卓吾、笃吾,又号宏甫,又自称温陵居士,福建泉州府晋江县人。原姓林,名载贽,后为避明穆宗讳,改姓李,易名贽。明代最为著名的思想家、文学家、史学家。

李贽祖籍河南汝宁府固始县,元末迁居泉州。泉州是我国最早对外开放的重要港口之一,自唐宋以来与世界各国有着广泛的贸易往来和文化交流,是海上丝绸之路的重要起点。到明朝时,各国使臣、商人往来较为频繁。李贽家族世代为商,但到了李贽祖父辈的时候开始走下坡路。

图 3-4 李贽像

李贽生于家道中落的时候,且又幼年丧母,故而历遍了世态炎凉、人情冷暖。

从小独立生活的历练使得李贽从精神上早早独立,养成了一切靠自己、从不求人的孤傲性格。他认为这是大丈夫、英雄好汉所为。李贽善于独立思考,不受儒学传统观念束缚。据《林李宗谱·卓吾公传》中的记载,李贽 12 岁开始作文时,就反对孔子把种田人看成"小人"。26 岁,他考中福建乡试举人,但感到困乏,不再继续参加科举考试以图官场升迁。后来,李贽因为贫穷无钱医治,长子病死,"不得不假升米之禄以为养",循例到河南共城(今辉县)任教谕。但他抱着"不容不与世俗相接"的态度,除履行公事,"拜揖公堂之外",一意"闭户自若也"。他的特立独行、率性而为的作风自然与世俗相违,"与县令、提学触"的结果是"在百泉五载,落落竟不闻道,卒迁南雍以去"。①

李贽的一生波澜壮阔,35 岁到南京任国子监博士。到任仅"数月",因父亲"白斋公没,守制东归"。到家后,正遇倭寇入侵,即率家人参加抗击。三年

---

① 《李贽文集》,《焚书》卷三《卓吾论略》,第 110 页。

后,李贽守制期满入京,然而"居京邸十阅月不得缺,囊垂尽,乃假馆授徒"。不幸的是,此时他的祖父又去世。于是,李贽不得不再一次回乡守制。但更令他痛心的是,"次男亦以病卒于京坻"。他在悲痛之余,只能将夫人及三个女儿安置在河南辉县,"分赙金一半买田耕作自食",独身返乡。

李贽对贫富有着自己独特的理解。为了生计,他不得不又携家眷"至京,补礼部司务",官秩仅九品。对当这个官,有人劝告他说:"礼部司务这个官实在是太穷了!比当国子监博士还要穷很多。你过穷日子,什么地方不好找,偏找上这个礼部司务官!"李贽回答说:"我心目中的穷,与一般人说的穷是不一样的。我认为,最穷的就是听不到真理,而过自己感兴趣的生活是最快乐的。这十几年来,我奔走南北,只是为了生活,把追求真理的念头都遗忘了,这是很可惜的。北京是天下人才集中的地方,我正好在这里利用这个机会,求朋访友,追求真理。"也正是在北京的这段时期,李贽接触到了以"反传统"姿态出现的阳明学说,开始了对王学的改造,借以反对封建的礼教。

45 岁时,李贽升任南京刑部员外郎。在南京期间,他同王守仁的弟子王畿及泰州学派人物耿定理、焦竑、罗汝芳等相识,并与焦竑、耿定理成为终生至交。其时,泰州学派创始人王艮之子王襞在南京讲学,李贽与之相遇并拜他为师。他深受学派思想影响,公开以"异端"自居。他为官清正廉明,两个女儿和一个儿子在他为官期间病饿而死。由于他的思想与程朱理学格格不入,在云南姚安知府(四品官)任职期满时,本可继续升迁,但他毅然归隐。53岁的他离开之时,"禄俸之外,了无长物"①,光绪时修的《姚州志》卷五《循吏》中记载"士民遮道相送,车马不能前进"。

李贽从云南辞官来到湖北的黄安(今红安县),住在朋友耿定理的家里,一些读史的文章即写于此,并教授耿家子弟。他与耿定理最为相契,然与其兄耿定向相背。李贽在云南姚安为官时,听到何心隐被害于武昌的消息,对耿定向害怕受连累,不加援救而深感不满。特地写了一封信给耿定向,指责他平日爱讲道学,说为人在世间要有"不容己"的精神,但在何心隐这件事上

---

① 《焚书》,《李温陵传》,第 9 页。

却没有半点"不容己"。在李贽看来,耿定向就是假道学的代表人物,而李贽生性厌恶"道学先生",于是才直接揭批耿定向的虚伪。此事成为导火索,致使两人的关系开始恶化。在耿定理死后,耿定向多次来信指责李贽"超脱",最后两人由思想上、政治上的分歧发展成公开的激烈论战。在这种压力下,李贽只好移居黄安邻县麻城龙潭湖的友人专门为他建造的芝佛院,时间长达十多年。

在芝佛院,李贽供奉"至圣先师"孔子像,构成对道学家们的极大挑战和讽刺。不仅如此,他还写了一篇极为大胆的"异端"题词:"人皆以孔子为大圣,吾亦以为大圣;皆以老、佛为异端,吾亦以为异端。人人非真知大圣与异端也,以所闻于父师之教者熟;父师非真知大圣与异端也,以所闻于儒先之教者熟也;儒先亦非真知大圣与异端也,以孔子有是言也……余何人也,敢谓有目?亦从众耳。既从众而圣之,亦从众而事之,是故吾从众事孔子于芝佛之院。"题词虽不满三百字,却以犀利辛辣的讽刺笔调,无情揭露儒学门徒对孔子的盲目崇拜,表现了他对封建思想权威的勇敢叛逆精神。在《又与焦弱侯》一文中,他态度鲜明地表达了对伪道学先生的深恶痛绝,说:名义上自号与世无争的高人但内心如同商人一样算计利益,嘴里说着仁义道德但内心却想着翻墙越壁偷别人的东西。焦弱侯即焦竑,是罗汝芳的学生、徐光启的老师,江宁(今江苏南京)人,官至翰林院修撰。他博览群书,与李贽过从甚密,也是泰州学派的重要人物。

在芝佛院落发期间,李贽完成了《焚书》、《初潭集》的写作。《焚书》收入《童心说》、《赞刘谐》、《何心隐论》及与耿定向反复论辩而撰写的《答耿中丞》、《答耿司寇》等书答、杂述、读史短文和诗共6卷。由于《焚书》中收入了与耿定向论战的书信,耿定向得知后,一口咬定是李贽对他的"诽谤",以此为借口,指使其门徒对李贽进行围攻、迫害。李贽被逼无奈之下,只得离开龙潭湖,长期出游四方。为此,他在《豫约》的"感慨平生"中说:"余唯以不受管束之故,受尽磨难,一生坎坷,将大地为墨,难尽写也。"

李贽最为重要的学说是《童心说》,集中体现了他的哲学思想和文艺观点。所谓"童心",即"绝假纯真,最初一念之本心"。"童心者,心之初也。"李贽公开反对孔孟之道、宋明理学等的传统伦理观念,提出了以"童心"为基础的新伦理标准,并以此对古往今来的文学现象作了全新的评价。他尖锐抨击剽窃模拟的复古主义文学,大胆肯定明代新兴的戏曲、小说等市民文艺,表现了鲜明的反叛精神和追求个性解放的思想,对当时的思想界、文艺界产生了不可低估的启蒙作用。由于李贽久居湖北芝佛院,其思想对"公安三袁"产生了非常重要的影响。公安派的形成,其理论基础和精神营养主要得益于李贽。

万历二十七年(1599 年)秋,在极其艰难的条件下,73 岁高龄的李贽在南京刻行了他的另一部重要的历史著作《藏书》。第二年,李贽从南京回到龙潭湖,原打算终老于此,不料耿定向余党及原是李贽友人的梅国桢仍未放过他,他们竟然伙同地方官吏,暗中造出"僧尼宣淫"的谎言,对李贽进行无耻的诽谤,掀起了"逐游僧、毁淫寺"的恶浪。地方官吏以"维护风化"为名,指使歹徒烧毁龙湖芝佛院,并下令搜捕李贽。在严酷的现实面前,李贽避入河南商城,寄寓在好友马经纶家,继续从事《续藏书》的著述。万历三十年(1602 年),大官僚沈一贯指使礼科给事中张问达上书弹劾李贽"狂诞悖戾"、"刺谬不经"、"左道惑众"、"不知尊孔子家法",是"异端之尤"、"猖狂无忌惮的小人"。明神宗下诏以"敢倡乱道,惑世诬民"为罪名,令厂卫逮捕了 76 岁高龄的李贽,并焚毁其著作。李贽入狱后,毫不屈服。在听说朝廷要将他押解回原籍福建后,感慨地说:"我年七十有六,死耳,何以归为?"于是,趁狱吏为他理发之机,夺刀自刎。一代思想家因反抗封建专制,悲壮地付出了宝贵的生命!

在自尽前,李贽曾留下一偈:"志士不忘在沟壑,烈士不忘丧其元。我今不死更何待?愿早一命归黄泉。"其中"志士不忘在沟壑,烈士不忘丧其元"语出《孟子》(万章章句下),是说志士不怕埋身于沟壑,烈士不怕丢掉自己的脑袋,我今天不死更待何时呢?愿意早一天命归黄泉。这说明李贽是立定了赴死的决心的。据记载,李贽当时并未立即死去,而是近两日后才气绝。在喉管已被割开、神智还处在清醒之时,侍者问他:"和尚痛否?"他以指蘸血写道:"不痛。"侍者又问:"和尚何自割?"他又写道:"七十老翁何所求。"

真人不死!作为一个特立独行的思想家,李贽一生著作数量十分巨大,生前死后,统治者先后下令将他的著作"尽行烧毁,不得存留"。但结果却是"卓吾死而书愈重"。泰州学派弟子焦竑在《续藏书序》中说:"宏甫殁,遗书四出,学者争相传之。"直到清代,顾亭林还在《日知录》中记载:"虽奉严旨,而其书行于人间自若也","士大夫多喜其书,往往收藏,至今未灭"。

作为泰州学派的"异端之尤",李贽对泰州学派的豪侠之气特别赞赏:"当时王阳明的门徒遍及天下,但王艮是其中最为英雄豪杰式的灵魂人物。王艮本来是一个灶丁,大字不识一个,听到人读书,便自己有所启发觉悟,后来从泰州直接到江西去见王阳明,在与王阳明的论辩与质疑中有所收获。此后,王艮便与王阳明以朋友身份进行交往,后来感到学识不如王阳明,就放弃经商事业跟随学习,所以王艮懂得了成圣之道,由此可见他的气度与风骨是什么样的了。王艮之后是徐樾,再之后是颜山农。颜山农以一介布衣的身份讲学,以英雄的气概看待世间一切,最后竟然遭到诬陷;徐樾则以布政使身份带兵打仗而在云南沅江战死。龙起生云,虎啸生风,各种类别的事物之间互相感应,真是这样啊!王艮是真正的英雄人物,所以他的徒弟们也都是英雄人物!徐樾之后是赵大州,赵大州之后是邓豁渠;颜山农之后是罗汝芳、何心隐,何心隐之后是钱怀苏,为程学颜;一代更比一代高。正是所谓的'大海不宿死尸龙门不点破额',怎么能不让人相信呢!何心隐以布衣身份带头倡道遭到迫害而惨死;罗汝芳虽然得以幸免于难,然而也是幸运的啊,终于因为讲学得罪了张居正而被罢免官职。大凡英雄之人,虽不可以免于世俗的虚荣浮华但却是可以进入到道的境界的。"李贽的这一大段论述不仅继承了泰州学派学者的叛逆精神和豪迈气概,还进一步发展了泰州学派的学术思想。这近乎是泰州学派师承关系的一部小史,同时也是为泰州学派写的一篇十分出色的赞辞。而李贽本人,其高尚的独立人格和对当世社会的批斗与反抗精神,使他成为泰州学派"一代高似一代"中的"英雄之士"!

2. 理学侠客——何心隐

何心隐(1517—1579),原名梁汝元,字柱乾,号夫山,江西吉安府永丰县人。生于明正德十二年,明万历七年九月被杀害于武昌,终年63岁。

何心隐在泰州学派诸学人中也是一绝。他自幼就"少负异才","少补诸

生"。30 岁时,赴乡试,得第一名,并且他
"家世饶财"①,本可沿着仕途飞黄腾达,
但因当时朝政腐败,他在随颜钧学"心斋
立本之旨"后,从此背叛了自己的出身,为
服务社会下层民众,走上了"反封建斗士"
的人生旅途,成为封建专制下的"叛逆"和
"掀翻天地"的大无畏者。

嘉靖三十二年(1553 年),何心隐学
习颜钧在家乡办"萃和会"的举措,也在自
己的家乡办起了"聚和堂",进行理想社会
的实验。他"捐千金,购义田,储公廪",并
且"身理一族之政,冠、婚、丧、祭、赋、役,

图 3-5　何心隐像

一切通其有无"。②族内子弟宿于祠、聚于祠、食于祠,过集体生活,享受平等
待遇。"学成之后,冠婚衣食,皆在祠内酌处。"这种超乎身家之上的社会祖
织,将士、农、工、商的身家包括在会之中。此种具有特殊形式的会,统于君
师,极于朋友,打破了传统以君臣为首的五伦关系,不仅表达了对纲常伦理的
蔑视与不满,同时体现了争取社会平等的平民儒学意识。同时,何心隐写了
《聚和率教谕族俚语》、《聚合率养谕族俚语》、《聚合老老文》等三篇文章,具体
阐释了他想以自己的家族做试验,进而推广至"天下"的理想。其时,永丰县
令强迫人民交纳"赋役外之征"的"皇木银两",遭到老百姓的反对,民怨沸腾。
何心隐"移书诮之",结果激怒了县令,被"下狱中",竟被判绞刑,后在友人的
营救下改为充军贵州。不久,他又被担任太仆寺丞的好友程学颜以调用的名
义营救出狱。此后,何心隐随程学颜进京。

在京师,他结识了罗汝芳和耿定向等重要人物,并通过耿定向的关系与
时任国子监司业的张居正第一次相识。二人的颇有传奇色彩的会面,许多典

---

① 《焚书》卷三《何心隐论》,第 115 页。
② 何心隐:《何心隐集》,容肇祖整理,中华书局 1981 年版,第 123 页。

籍野史都有记载：

一天，何心隐与张居正在僧舍相遇。张居正当时担任司业的官职，何心隐对他说："你在太学，懂得大学之道吗？"张居正如同没有听见他的话一样，用眼睛瞪着他说："你时常想飞黄腾达，但却是飞不起来的！"张居正离开后，何心隐神情懊丧地说："这个人他日一定会掌握国家大权，掌大权后一定会杀害我。"

嘉靖四十年，即与张居正会面京师的第二年，何心隐与方士蓝道行共同设计铲除了祸国殃民的奸相严嵩。具体过程极其神秘：何心隐"侦知嵩（严嵩）有揭贴（即奏书）"①，于是"授以秘计"，让深得皇帝信任的方士蓝道行在皇帝面前密奏，说来奏事者为奸臣。话毕，严嵩来奏，皇帝对方士的话深信不疑。于是，严嵩被罢相，其子严世蕃下狱，嘉靖四十四年（1535年）被处死。由此，何心隐也遭到了严党的仇视。为了避开他们的报复，他改去原名梁汝元，离京躲避。《泰州学案》中称他，"踪迹不常，所游半天下"。此间，何心隐主要在福建游历、讲学，而在钱同文的家乡福建兴化、莆田一带讲学时间最长，从游之人也最多。何心隐把自己的著作取名为《爨桐集》，"爨"的原意是烧火做饭，"桐"是一种树名，这两个字合在一起，就是讲老百姓穿衣吃饭等的日常生活道理，这既表现了何心隐的迫切志向，也体现了泰州学派的平民儒学风格。

穆宗隆庆元年（1567年），好友程学博（程学颜之弟）出任重庆知府，何心隐随他入川。在重庆期间，他讲学不辍，一度曾参与镇压白莲教起义。神宗即位，改元万历，张居正坐上相位。为挽救明王朝的危亡，张居正采取了两手，一面大刀阔斧进行了一系列的改革，一面对人民的统治更加严厉，文化政策更加专制，如诏毁天下书院、禁聚徒讲学，还下令"得盗即斩"等。张居正的行动激起了文人学子的强烈反对，何心隐亦公开指责张居正"谓时相蔑伦擅权，实召天变"，他还试图借"慧出互天"之事，逐张居正去位。不仅如此，何心隐还著《原学原讲》万言长文，准备"诣阙上书"，与张居正辩论。这一系列举动，引起张居正"恚怒"，一些地方官为讨好张居正，积极设计抓捕何心隐。

---

① 《何心隐集》，《明儒学案泰州学案序》，第123页。

万历四年(1576年),60岁的何心隐在孝感讲学。湖广巡抚陈瑞差云梦高典史带兵缉拿何心隐。因为事先得到消息,程学颜迅速用船将何心隐送出湖广境内,并托其表兄焦茗送他到泰州躲避。万历五年(1577年)七月,何心隐回原籍葬父母,准备办完事情后,拼身"自辩于朝"。然而,归乡不久,官府即闻风而来抓捕,他不得不"栖栖走徽州祁门,寻素与讲学友朋共朝夕,以避其所缉"①。此后,何心隐在弟子胡时和家中住了一年多时间。

万历七年(1579年),何心隐不幸在祁门被捕,并押解到武昌。到武昌后,他见抚臣王之垣(与王艮之孙同名)而不跪,遭受毒刑,仍宁死不屈。九月初二,被王之垣承张居正的意旨杀害。

何心隐在祁门被捕后,他的朋友、弟子四处奔走呼号,尽力组织挽救。程学博为此向张居正辩冤,罗汝芳也极力参与援救,弟子王之垣(王艮之孙)甚至要以身相代。广大百姓也为他叫屈、鸣不平。弟子胡时和一路陪伴他至武昌,并在何心隐被害后,收拾他的骸骨,根据他的遗言与程学颜合葬。

李贽在《何心隐论》中有大段记载:今天看到武昌城上下,有数万人之多,没有一个人认识何心隐的,但没有一个人不知道他的冤情。当时官府在各个交通要道旁张贴文告,对于罗织的何心隐的罪名,围观的人都指着说是诬陷之词,甚至有人发出嘘声,有人大声吆喝着叫大家不要看。从当天的情况看,人心指向是非常明显的。从祁门到江西,再从江西到南安再到湖广,沿途三千多里的地方,其中不认识何心隐长相的人很多,但都是知道他的心的人!……大家都说杀何心隐以讨好张居正的人简直不是人!公道自在人心,如同日月星辰的照耀一样,是掩藏不住的。

李贽比何心隐小十岁,两人虽从未见过面,但他对何心隐极为推崇,称之为"圣人"。史料记载,面对何心隐被害是否出手相救,李贽还与自称王艮"私淑弟子"的耿定向结下了怨恨,并在后来遭到耿定向的打击报复。

何心隐以"赤手搏龙蛇"的姿态,不求名利,不畏强权,不惧死亡。正因为如此,何心隐才被封建统治者和卫道士们视为"黄巾、五斗"式的人物而遭到

---

① 《何心隐集》,卷四《上岭北道项太公祖书》,第91页。

疯狂迫害。由此,他也使自己成为用生命践行自己人生信条的"仁人",一个真正大写的人!

3. 文坛旗手——袁宏道

袁宏道(1568—1610),字中郎,号石公、六休,湖北公安人。他和兄袁宗道(1560—1600)、弟袁中道(1570—1623),都是晚明的著名文学家,史称"公安三袁"。而"三袁"之中,以袁宏道的文学成就最大,名声最为显著。

袁宏道的先祖早年居圻州,后来移居荆州公安县长安里。袁宏道年16时为诸生,结社城南,自为社长。万历二十年(1588年),21岁的袁宏道考中进士,先后任过知县、教授、助教、礼部主事、吏部郎官等官职。袁宏道在赶考返乡后,与兄弟一起先后两次到麻城向李

图 3-6　袁宏道像

贽求教。袁宏道本是狂士,第一次和李贽见面,他写的一首赠诗中就有"老子本将龙作性,楚人元以凤为歌"的句子。凤是古代楚国人的图腾,是一种独立自由的个性象征,袁宏道故此以"楚狂"自喻。甚至在他的《疏策论》"第五问"中,将"狂"称之为"龙德",认为读书人必须"狂"而心系家国,否则就会成为一个废人。"狂"而不讳言的袁宏道正好与李贽一拍即合,两人的共同语言非常多。袁氏兄弟第二次到李贽处求教,时间长达三个多月。李贽在《九日至极乐寺闻袁中郎且至因喜而赋》中说"世道由来不可孤,百年端地是吾徒"①。袁宏道本来就是泰州学派重要人物焦竑(弱侯)的弟子,在焦竑、李贽这两位大师的精心教诲之下,不仅在学术思想上有了提高,而且秉承了源于泰州学派开山祖师王艮至李贽的狂狷精神。他以豪杰自居,视世间为无物,公开宣称:

---

① 《焚书》卷六,第305页。

"除却袁中郎,天下尽儿戏!"①

李贽卓然自立的思想和精神,对"公安三袁"的影响最大最深。袁宏道把李贽的著作置于床头,不时研读。他说:"幸床头有《焚书》一部,愁可以破颜,病可以健脾,昏可以醒眼,甚得力。"②袁宏道视李贽为"今李耳",称"公似李膺"。其兄袁宗道也称:"不读他人文学觉懑懑,读翁(李贽)片言只语,辄精神百倍。岂因宿世耳根惯热乎。"③其弟袁中道也说:"我有弟兄皆慕道,君多任侠独怜予。"④他的《中郎先生行状》中的一段话经常被学者所引用:"先生既见龙湖,始知一向掇拾陈言,株守俗见,死于古人语下,一段精光,不得披露。至是浩浩焉如鸿毛之遇顺风,巨鱼之纵大壑。能为心师,不师于心;能转古人,不为古转。发为言语……从胸襟流出,盖天盖地,如象截急流,雷开蛰户,浸浸乎其未有涯也。"⑤在李贽的思想影响下,以袁宏道为领军人物的公安派大力提倡文学革新运动,打破了复古派的统治,使整个文坛空气活跃了起来。"公安三袁"文学革新论与泰州学派的平民儒学思想的紧密结合,成为晚明思想文化史上一道靓丽的风景。

明朝自弘治到万历中期,前后"七子"相继统治文坛达百年之久,他们掀起一股"文必秦汉"、"诗必盛唐"的复古主义思潮。许多有远见卓识的文人学者,都不满"七子"派的文学主张和做派。袁宏道在担任吴县县令任内,汇集江南进步文人学士,吟诗、撰文,大胆抨击"七子",首先提出了"独抒性灵,不拘格套"的文学主张,成为"公安派"的旗帜。他的所谓"性灵"就是"胸臆",而所谓"独抒性灵,不拘格套",就是不拘泥于已有的格局套数,不事"粉饰蹈袭",表达自己的真情实性。这与李贽的"童心说"极为接近。后来,"三袁"兄弟又在北京城西崇国寺发起组织"蒲桃社",继续进行反复古运动。

袁宏道在县令任上励精图治、革旧布新,很想做一番事业,但受大环境制

---

① 袁宏道:《袁宏道集笺校》,钱伯城笺校,卷九《别石篑五首》其五,上海古籍出版社1981年版。
② 袁宏道:《袁宏道集笺校》,卷五《李宏甫》。
③ 袁宗道:《白苏斋集》,卷十五《答李卓吾书》。
④ 袁中道:《珂雪斋集》,卷一《武昌坐李龙潭邸中赠答》。
⑤ 袁中道:《珂雪斋集》,卷十八《吏部验封司郎中中郎先生行状》。

约,使其无法放手大干一场,他心中充满了煎熬,这导致了他在官场的三进三出。他反思自己的行为,说自己"如猴子在树下,则思量树头果;及在树头,则又思量树下饭。往往复复,略无停刻"①。当时的晚明社会,由于商品经济的发展和城市的繁荣,新兴的市民阶层队伍日益扩大。在封建专制长久的压抑之下,士人们急切地要返回人生真相,开始无所顾忌地放纵自己的自然欲望,由此形成纵欲之风。此种社会状况,对袁宏道产生较大影响。于是,他一反禁欲主义的假道学家面具,宣称要追求人生的"五大真乐":"真乐有五,不可不知。目极世间之色,耳极世间之声,身极世间之鲜,口极世间之谭,一快活也。堂前列鼎,堂后度曲,宾客满席,男女交舄,烛气熏天,珠翠委地,金钱不足,继以田土,二快活也。箧中藏万卷书,书皆珍异。宅畔置一馆,馆中约真正同心友十余人,人中立一识见极高,如司马迁、罗贯中、关汉卿者为主,分曹部署,各成一书,远文唐、宋酸儒之陋,近完一代未竟之篇,三快活也。千金买一舟,舟中置鼓吹一部,妓妾数人,游闲数人,泛家浮宅,不知老之将至,四快活也。然人生受用至此,不及十年,家资田地荡尽矣。然后一身狼狈,朝不谋夕,托钵歌妓之院,分餐孤老之盘,往来乡亲,恬不知耻,五快活也。士有此一者,生可无愧,死可不朽矣。"②

袁宏道以"狂者"的精神,将世间学道之人概括为玩世、出世、谐世与适世四种。他对适世之人最为欣赏,认为人生就应当随性适世,自在度日。于是,在他觉到为官之苦后,毫不犹豫地辞官归去,追寻田园生活之乐。田园之乐虽然快乐,但由于他关注民生,心忧社会,这种一己之乐使他心中无法安稳。他救世之心未泯,心中仍对现实抱有些许期望,但一旦看到朝廷的一些腐败现象,就气不打一处来,总是瞪目怒视,认为时事如此,何时才是尽头? 因此他时而感慨自己在山中的这种快乐,可以不用看见令人生厌的世道,有时又觉得毕竟世上有陶唐开明之世,才能有巢父和许由这样的隐士,万一这个世界不安定了,在山中的隐逸之人怎么能够高枕无忧呢? 不得已,袁宏道只好

① 《袁宏道集笺校》,卷二十一《云泽、兰泽两叔》。
② 《袁宏道集笺校》,卷五《龚惟长先生》。

又出来为官。如此反复了三次。

对于民生的疾苦、晚明社会的溃烂,他深感无能为力,渐渐地有了一种泥菩萨过河——自身难保的感觉,说:"现在这种情形下当官,遇到口出横祸的事太多了,怎么知道唯独我这种人不会遇到呢?今天凭吊死去的同乡,明天又哀吊同年生的朋友,过几天又痛祭某一德高望重之人的死去,死鬼多于活人,哭泣多于祝贺,怎么知道不会轮到我这种人呢?"他仰天悲叹道:"时事不堪书,下笔每惊悸。"①

万历三十八年(1610 年),年仅 43 岁的袁宏道第三次也是最后一次归隐山林。临行,他对家国天下满怀挂念之情:"一则感时事之多虞,一则叹知己之难逢,回首国门,惟有飞涕而已"②,竟在数月后,不幸病逝家中!

袁宏道虽仅活了 43 岁,开展文学活动的时间也不过十余年,但由于他追求"本色独造",强调"心灵"的作用,主张写"自己胸臆流出"的诗文,因而有影响的存世作品甚多。流传至今的作品集有《潇碧堂集二十卷》、《潇碧堂续集十卷》、《瓶花斋集十卷》、《锦帆集四卷去吴七牍一卷》、《解脱集四卷》、《敝箧集二卷》、《袁中郎先生全集二十三卷》、《梨云馆类定袁中郎全集二十四卷》、《袁中郎全集四十卷》、《袁中郎文钞一卷》等。

袁宏道与泰州学派中的很多学者如耿定向、管志道、陶望龄、藩士藻、汤显祖等人都有交往。特别是与汤显祖的关系尤近,两人都极力反对前后七子所倡的文学复古论。袁宏道对汤显祖的诗才很是赞赏,把汤显祖与徐渭并称,誉其诗"凌厉有佳句"③。而汤显祖也对袁宏道极为佩服,称许袁宏道的作品《锦帆集》是"案头明月珠子"④。

以袁宏道为代表的"公安三袁",是继唐宋古文运动之后明代文化领域文学革新运动的一面旗帜,也是泰州学派思想在文化领域的又一座高峰。他们的思想文化成就不仅对当时的社会,而且对以后几百年的历史乃至五四文化

①　《袁宏道集笺校》,卷十四《戊戌除夕》。

②　《袁宏道集笺校》,卷五十五《上孙立亭太宰书》。

③　《袁宏道集笺校》卷九《喜逢梅季豹》。

④　汤显祖:《汤显祖集》,《答袁中郎铨部》,上海人民出版社 1973 年版,第 1310 页。

运动都产生了积极而广泛的启蒙思想影响。

三、关注实学　勤于实践

中国的传统文化,对作为个体的人的存在并没有给予应有的重视。儒家思想学说中所讲的人,主要指的是"众"、"民",即人的群体或社会。泰州学派提倡"百姓日用即道",肯定和维护个人的自然人性、存在价值,要求统治者满足人们对物质利益的追求。王艮的实学思想被后传弟子不断发扬光大。如颜钧提出了救民于水火的社会改造方案,明确要求统治者顺应民性、解决民食、满足民欲、爱惜民命。又如徐光启,以强国利民为人生追求,毕生从事经世致用的实学研究,成为中国历史上最富有成就的科学家之一。而汤显祖则在他的文艺作品中把人的情欲纳入人性之中,高扬人的个体价值,关注人的现实物质生活,使得明代文艺启蒙思想深入人心。

1. 科技巨匠——徐光启

徐光启(1562—1633),字子先,号玄扈,南直隶松江府上海县人。明末著名的科学家。同时,他也是"明末中国天主教三大柱石"之一。在中国历史上,他是第一个把欧洲先进的科学知识特别是天文学知识介绍到中国的近代科学先驱。

据史料记载,徐光启幼年时,家境贫寒,父亲徐思诚"常业贾"。后因倭寇入侵,松江饥荒成灾,其父做些小本生意,"课农学圃自给"。他的母亲"性勤

图 3-7　徐光启像

事,早暮纺绩,寒暑不辍"①。如此的家庭氛围,为徐光启后来钻研科学技术提供了初始动力。隆庆二年(1568 年),徐光启七岁时,在家附近的龙华寺村私塾学馆学习。16 岁时,事师黄体仁。黄体仁是泰州学派传人耿定向的弟子。

《徐光启年谱》记载,万历九年(1581 年),徐光启 19 岁考中秀才。因为父亲经商失败,弃商而农,家境很差,他只得在家乡教书为生。由于连年自然灾害,加上参加乡试屡试不中,他只得远走他乡去广西韶州任教。也就是在这期间,他第一次接触到西方传教士郭居静。万历二十五年(1597 年),徐光启由广西到顺天府(今北京)应试。由于明朝科举考试采用的是八股文,有着固定的格式和要求,而徐光启写作既不讲究烦琐的格式,又不善空洞的辞藻,而是注重实际的叙情说理,本已落选。但当时副主考官是重视思想文化启蒙的泰州学派重要传人焦竑,这使事情发生重大转机。焦竑受皇帝之命为国选才,在落选卷中发现了徐光启的试卷,"阅而奇之,拍案叹曰:此名世大儒无疑也"。于是,他毅然决然将徐光启破格提拔为第一名。一时间,徐光启名噪大江南北。他应试的那篇文章直至清代还被编入《读墨简练百篇》,成为全国秀才们学习的范文。

不久,焦竑受到朝廷中一些官员弹劾而被贬外地做官,不擅八股文的徐光启在次年的礼部会试中再次名落孙山。他只身回到上海,一面重操旧业教授乡里子弟,一面开展研究,"尤锐意当世,不专事经生言,徧阅古今政治得失之林"。

耿定向、黄体仁和焦竑都是泰州学派的传人,倡导的都是经世致用的思想,关注民众物质生活的改善。徐光启在家庭境况和泰州学派的思想影响下,形成了关注现实和解决实际问题、注重实用研究的优秀品质。其时,正值西方耶稣会士纷纷来华,试图通过传播科学知识实现更好地传播宗教的目的。面对汹涌而来的西学影响和冲击,徐光启提出了"欲求超胜,必须会通"的观点,他把传教士传播的知识归纳为三类,最高的一类为修身治国之学,最

---

①　徐光启:《徐光启集》,《先考事略》与《先妣事略》,中华书局 2014 年版,第 526—527 页。

小的一类为格物穷理知识,再就是物理学、数学、天文学等方面的知识,都是非常精确而又实用的知识。万历三十一年(1603年),为了更好地获取西方科学知识,徐光启在南京接受洗礼,加入天主教。这一举动,在封建伦理道德规范森严的明代社会,不啻石破天惊。应该说,徐光启的入会举动,并非出于宗教狂热,而是要借机学习西洋科技以实现富国强兵。

徐光启认为,要超胜西洋学术,必须先要会通中西,将中国的传统文明与西方的先进文化融会贯通。为了实现这一理想,徐光启十分重视翻译和会通工作。万历三十四年(1606年)的秋天,徐光启与传教士利玛窦(M.Ricci)合作翻译了西方数学名著《几何原本》的前六卷,并在第二年出版。这一译作的出色程度,一直为后人所赞誉,梁启超评价此书时这样说:"字字精金美玉,是千古不朽之作。"后来,他又翻译出了《测量法义》,被学术界认为是译为中文的第一本西方科学著作。又与李之藻、熊元拔等人合译出了《泰西水法》、《同文算指》等著作。

徐光启不但模范实践"欲求超胜,必先会通"的思想,更是明末清初学术界、思想界兴起的实学思潮中一位最有力的鼓吹者、推动者和领导者。万历三十五年(1607年),他被授予翰林院检讨不久,因父亲去世,返回家乡守孝。在上海为父守制的三年期间,徐光启又对上述两部译作进行了修改。在此期间,他还进行农事试验,为救灾救荒,他撰写了《甘薯疏》,奏请引种并推广了甘薯。甘薯又称番薯、山芋、地瓜等,原产自南美洲,是16世纪引入中国的主要杂粮作物。作为一种高产的救荒作物,甘薯的适应性比较强,后来在全国各地广泛栽培,极大地解决了人民的饥馑问题。据学者研究,明以后人口之所以迅速增加,高产易种的甘薯功不可没。

徐光启守制期满后回京复职,正式担任较为闲散的翰林院检讨一职,为他在天文、算法、农学、水利等科学技术研究并进行翻译和写作提供了大量时间。这期间,徐光启在天津从事农事试验,亲身的实践和深入的研究促使他写成农学巨著《农政全书》的编写提纲。

万历四十六年(1618年),后金军队进攻,边事紧急,徐光启带病奉召。至天启三年(1621年)的三年多时间里,他主要从事练兵等工作。此时,他虽已年近六十,但保国守土的爱国忠心不让壮年。他在给焦竑的信中坦露心迹:"国无武备,为日久矣,一朝衅起,遂不可文。启才职事皆不宜兵戎之役,而义无坐视,以负国恩与师门之教。"他以少詹事兼河南道监察御史督练新军,但因财政拮据、议臣牵制等原因,练兵计划并不顺利,因操劳过度,回天津"养病"。此后又奉召入京,但终因制造兵器和练兵计划不能如愿,再次辞归回到天津。

朝廷魏忠贤阉党擅权专政,徐光启由于不肯同流合污而被弹劾。回到上海后,他全身心投入《农政全书》的写作(1625—1628年)。徐光启自编的军事论集《徐氏庖言》也在此时刊刻出版,使得学术影响日盛。崇祯元年(1628年),徐光启又官复原职,并为天子师。次年,他又升迁为礼部左侍郎。这年九月,朝廷决定改历,由徐光启主持。徐光启从编译西方天文历法书籍入手,同时制造仪器,潜心观测,分五次进呈所编译的图书著作。这就是著名的《崇祯历书》,全书共46种,137卷。不久,他升迁为礼部尚书,再后又以礼部尚书兼东阁大学士入阁,参与机要。"每日入值,手不停挥,百尔焦劳","归寓夜中,篝灯详绎,理其大纲,订其细节",正是他工于政事的相国兼科学家繁忙生活的写照。这年十一月,崇祯皇帝加他为太子少保。崇祯六年(1633年)八月,崇祯皇帝再加徐光启为太子太保、文渊阁大学士兼礼部尚书。十一月七日,徐光启不幸辞世,墓地在上海徐家汇南丹路光启公园之中。祠墓两旁石柱上,刻有高度评价他一生业绩的一副对联:"治历明农百世师,经天纬地;出将入相一个臣,奋武揆文。"

是的,泰州学派不断创新的思想薪火促成了徐光启人生的不断超越。而他也在"会通中西"的过程中,成为泰州学派经世致用思想大潮中的领军人物,成为引领明代科学技术发展的集大成者:天文历法方面,主持编译的《崇祯历书》奠定了我国三百多年历法的基础;数学方面,翻译出版的《几何原本》被许多学者认为是中国近代科学产生和发展的重要前提;军事学方面,"器胜"思想和《徐氏庖言》、《兵事或问》、《选练百字括》、《选练条格》等著作对明代火器发展和军队建设产生了重大的影响;农业和水利研究方面,主要著作《农遗杂疏》、《屯盐疏》、《种棉花法》、《甘薯疏》、《种竹图说》、《北耕录》、《宜垦令》、《农辑》、《农政全书》等,对促进中国近代农业生产起到了极为深远的影响。徐光启在科学上的贡献和成就是多方面的,当代著名地理学家、气象学家和教育家,中国近代地理学奠基人竺可桢先生把徐光启与"近代实验科学之祖"弗兰西斯·培根相比,称他为"中国近代科学的先驱"①。

2. 戏曲宗师——汤显祖

汤显祖(1550—1616),字义仍,号若士、海若、清远道人、茧翁,别号玉茗堂主人。江西临川人。明代伟大的戏剧家、文学家。

汤显祖出身书香门第,从小天资聪颖,年少扬名,多才多艺,"于古文词外,能精乐府、歌行、五七言诗;诸史百家而外,通天官、地理、医药、卜筮、河籍、墨、兵、神经、怪牒诸书"②。他广涉群书,对于所谓有违正统的"非圣"之书也进行研习。他广交"气义"之士。独特的少年经历铸就了他正直刚强、不肯趋炎附势的品格。他曾自命为"能干斗牛而成蛟龙"的"豫章之剑"。

图 3-8 汤显祖像

13 岁时,汤显祖师从泰州学派代表人物罗汝芳,跟他读所谓的"非圣之书"。关于罗汝芳对他的影响,汤显祖自己说:"如明德先生者,时在吾心眼中矣"③。罗汝芳曾赋诗二首赠汤显祖。其中一首为:"君寄洞天里,飘飘意欲仙。吟成三百首,吸尽玉冷泉。"作为宁国知府的罗汝芳为未成年的弟子赠诗,表明他对汤显祖的高度赏识。

汤显祖的不附权贵,使他在科举场上屡屡受挫。他 21 岁参加乡试考中举人。按其才学,本可以在仕途上飞黄腾达,但当时明朝科举制度已堕落成

---

① 竺可桢:《徐光启纪念论文集序》,中华书局 1963 年版。
② 《汤显祖集》,《临川汤先生传》,第 1511 页。
③ 《汤显祖集》,《答管东溟》,第 1229 页。

上层统治集团营私舞弊的遮羞布。张居正为安排他的几个儿子考取进士，想找汤显祖等人作为陪衬，但被汤显祖严词拒绝。结果，在张居正当权的年月里，汤显祖两次进士考试都只能是名落孙山。然而，汤显祖却以高尚的人格和清白的操守，得到人们的称赞。万历十一年（1583 年），也就是张居正死后的第二年，33 岁的汤显祖终于考中进士。但是，他又因为毫不犹豫地拒绝内阁大臣张四维、申时行的笼络，而失去了考选庶吉士的晋升机会。

汤显祖坚持自己的文学主张，不事"文坛盟主"。万历十二年（1584 年）起，汤显祖到南京担任太常博士（掌管祭祀礼乐的小官）、詹事府主簿、礼部祠祭司主事等职。虽然明朝自永乐以来，南京一直是留都，但各部衙门形同虚设，然而表面的平静却无法掩盖其暗流的涌动，这里并不太平，特别是文学思想上的论争在这里非常激烈。早在嘉靖时代，文坛盛行着李梦阳、何景明为首的前七子倡导的"文必秦汉、诗必盛唐"的风气。万历期间，以王世贞、李攀龙为首的后七子步其后尘。万历十一年（1583 年），王世贞以应天府尹的身份赴南京，后在这里为刑部侍郎、尚书，地位显赫。一时士大夫趋之若鹜，许多人奔走门下，"片言褒赏，声价骤起"，俨然为文坛盟主①。汤显祖反对拟古、复古而重创新，自然在文学思想和旨趣上与王世贞辈大相径庭，虽与其同在南京，而且还是其弟的下属，却不愿与王氏兄弟往来。一次，在出席王世贞举行的公宴上，公然谢绝与其和诗，使王世贞无法下台。可以想象，他这种特立独行的结果，只能使他永沉下层而无法实现"蛟龙"之梦。

汤显祖很想有所作为，但前提是不能"屈心抑志"。这种想法，在当时的社会是很不现实的。其间，罗汝芳到南京鸡鸣寺讲学，师徒又一次相聚，使他的人生态度终于发生重大改变。汤显祖在《秀才说》中记下了这件事：我已四十多岁了。13 岁时跟随罗先生学习，当时血气未定，感觉读的并不是圣贤之书。在四处游学时，总是与义气之士交往，因而意气甚高，几乎迷失本性。后来遇到明德恩师，感叹地对我说：你与那些士子每天自由放纵地高唱，想要干什么？究竟对于你的人生有什么意义？什么时候才能停止？到了夜里，我仔

---

①　《明史》，《列传》第一七五《文苑》三。

细地思考恩师的话,内心久久不能平静,终于有所省悟,感到自己的人生追求不能是"食色,性也"的生命最本初要求。大凡豪杰之士,都是具有圣贤之豪的人生志向的。

由于汤显祖久居底层,对民生疾苦、政治腐败深有体会,于是万历十九年(1591年)在南京礼部祠祭司主事的位置上,上奏了一篇《论辅臣科臣疏》,严词弹劾时任首相申时行等的贪赃枉法、刻掠饥民的罪行,甚至对神宗即位后的朝政也进行了毫不留情的批评。终于,神宗大怒,对他以"假借国事攻击元辅"的罪名,放逐到广东雷州半岛的徐闻县为典史(知县手下管理缉捕、监狱和文书的官)。万历二十一年(1593年),他被调任到浙江遂昌任知县。在遂昌的五年中,他关心民间疾苦,致力于社会实践,运用手中的权力为老百姓办了不少好事,赢得了当地人民的尊敬与爱戴,美誉广被朝野。然而,就在众人以为青云直上的时候,他却挂印辞官返乡而去,从此不再涉足官场。

正值盛年的汤显祖回到临川,住在著名的玉茗堂,进入了他人生中主要的戏曲创作时期。汤显祖早在青年时代就开始从事戏曲创作,他的作品多反映现实,干预生活,以致当时作的《紫箫记》因被人议为影射"秉国首揆"而未成。但他志向未泯,十年后又改作为《紫钗记》。在戏剧创作理论上,他提出了"情至"说,即所谓"情有者,理必无;理有者,情必无";"情不知所起,一往而深。生者可以死,死可以生。生而不可与死,死而不可复生者,皆非情之至也"。① 以情反理,成为他创作戏剧的灵魂。万历二十六年(1598年),他创作千古名剧《还魂记》(即《牡丹亭》),后又创作了《南柯记》、《邯郸记》。由于《紫钗记》、《还魂记》、《南柯记》、《邯郸记》这四大传奇均有梦境构想,艺术地再现了明中晚期的社会景象,表现了对现实社会的无情鞭挞,故并称"临川四梦"。

汤显祖在离开遂昌任上后,曾在临川和李贽相见。李贽为汤显祖亡儿撰写了正觉寺《醒泉铭》。李贽在狱中自杀后,汤显祖作诗哀悼。他还推崇反理学的达观(紫柏)禅师,称李贽和达观是一"雄"、一"杰"。在与朋友的信

---

① 《汤显祖集》,《牡丹亭记题词》,第1093页。

中,汤显祖说:"听以李百泉(李贽)之杰,寻其吐属,如获美剑。"①汤显祖对特立独行,被人看作"异端"的李贽非常欣赏,这在很大程度上构成了汤显祖在创作中表现出来的揭露腐败政治、反对程朱理学和追求个性解放的思想基础。

晚年的汤显祖,思想逐渐消极,自称"偏州浪士"、"盛世遗民",后又以"茧翁"自号,取其"干而不出之意",甚至表示"天下事耳之而已,顺之而已。吾辈得白头为佳,无须过量……视今闭门作阁部,不得去,不得死,何如也"②。万历四十四年六月十六日(1616 年 7 月 29 日),汤显祖在临川溘然长逝,终年67 岁。

汤显祖给我们留下了宝贵的文化遗产,除了《牡丹亭》等戏剧创作外,还写有二百多首诗和几百篇文赋。现存有《汤显祖集》、《汤显祖诗文集》、《汤显祖戏曲集》等。汤显祖的作品和戏剧活动,影响深远。师法于他的"临川派"戏剧家,明代有吴炳、孟称舜等,清代有李渔、洪昇、蒋士铨等。直到今天,他的"临川四梦"里还有许多精彩片断保留在昆剧的舞台上。他不仅属于中国,也是世界文化伟人之一。在 19 世纪初,他的创作便不断被翻译介绍到国外去。日本文学家山口大学教授岩成秀夫的《中国戏曲演剧研究》认为,汤显祖比日本大戏剧家近松门左卫门早一百多年,其成就也远胜于后者。日本学者青木正儿在《中国近世戏曲史》中,将他和莎士比亚并称为东西方交相辉映的两颗明星,赞誉他为"东方的莎士比亚"。

四、教化社会　薪火相传

泰州学派王艮不愧为杰出的哲学家、思想家,而且是著名的教育家,开启了中国教育史上真正的平民教育之风。其学派弟子以先师为榜样,继承和发扬孔子"有教无类"的优良教育传统,四处讲学传道,教化天下百姓,在"匡正

---

① 《汤显祖集》,《答管东溟》,第 1229 页。
② 《汤显祖集》,《与丁长孺》,第 1304 页。

天下人心"的同时,不断张大了泰州学派的思想影响。

1. 三水先觉——王栋

　　王栋(1503—1581),字隆吉,号一庵,泰州市姜堰区人,是王艮的族弟。他与王艮、王襞父子一起被称为泰州学派的"淮南王氏三贤"。

　　据《年谱记略》记载:王栋出身于一个医生家庭,七岁开始"习举子业"。11岁这一年,瘟疫流行,父亲要求王栋停下学业,准备好药材,效法童生植杏的故事,到各个村镇送草药防治疫病。有一天,他行到沙村庄时,遇到一匹狂奔的烈马,把他撞翻在地,被踩踏后受伤严重,因无人发现未能得到及时帮助和救治,直到深夜才带伤回到家中。父亲因此

3-9　王氏宗祠中王栋像

同意他在家中边治伤边继续从事儒学学业。伤愈后,王栋坚持学习不断,24岁时到泰州的州学读书。时任泰州知府王臣(瑶湖)为王阳明的得意门生,王栋拜他为师。25岁的王栋,"受格物之学,躬行实践,久遂有所得"。他对人说:"'格物'是修习学问的关键,每个人都有与生俱来的良知,但由于为所见所闻和感情的影响,对自己的良知之心不能认识准确,所以用'格物'(即物穷理)的办法,以自己之身揣度他人,从内心服从法度,由内而外,使彼此之间都符合准则,内外都无过错,这样才能不使良知受到见闻和感情等的局限影响。所以说:使自己知识能够丰富起来的关键在于学会运用格物办法,而能够做到使理彰明之后,知识就会不断渊博起来。"

　　王栋曾师事王艮,得家学之传,先后任县训导、教谕、州学正。他开门授徒,主持过泰州安定书院。王艮的学术思想之所以广泛传播,泰州学派之所以能扬名天下,与王栋的努力是分不开的。《东崖学述》中说:"心斋殁后,东崖继父讲席,望日隆,与心斋、一庵并号'淮南王氏三贤'。然东崖师龙溪久,其论学问出龙溪之授受。故语心斋之家学,或以一庵所得,为尤纯也。"王氏

十一世孙王炳森在看到王栋像后,曾发出这样的感叹:"师兄友侄,克传家学,小试牛刀,政声卓卓,敝屣一官,归裁堂创,乐育英才,八方拱向。……后之来者,当以我公为先觉。"①王栋能形成自己独特的学术见解,与他的终生刻苦钻研是分不开的。由于他的学识水平得到广泛认可,被聘主讲白鹿洞会,后又被聘主讲南昌正学书院会,并创太平乡等讲会。有诗为证:

> 圣学之传传此心,此心无古亦无今。
>
> 何人不有虚灵在,觉者都无物欲侵。
>
> 一乐自能忘俗虑,百年端用盍簪缨。
>
> 太平此会真奇会,应有闻风共赏音。

在南城县当训导期间,王栋经常处理一些县衙的公事。有一次,胡姓兄弟之间因为家庭财产的纠纷闹到了县衙,双方争吵得非常厉害。王栋就循循诱导说,自古以来最容易得到的是田产土地,最难得的兄弟之间的感情,怎么能以最容易得到的田地而损害最难得的兄弟血缘亲情呢?经过一番教育,胡姓兄弟有所感悟,当场相互哭泣参拜,回去之后重新把家合起来过日子,从此再也没有分开。王栋办理公事注重人的情感教育,使人如同苏武归汉时流下感慨的泪水一样,一向有使人们在情绪的感染中明白事理的风格。

王栋64岁时,赴山东泰安当训导。由于他的学识与品格高尚,这位布衣出身的大儒被孔子家乡的士民尊为"圣人"。时间不长,他被升调到江西南丰当教谕。南丰与南城接壤,对于他的到来,南丰的士民们感到十分庆幸,认为这是上天赐给他们的良缘。而王栋也深深感到这个机遇来之不易,于是继续联系各地的为学者前来开办讲会,从各地前来这里听课的人越来越多。

王栋还创造性地举办"水东大会",并通过建立义仓的办法,储备粮食给前来听课的人提供餐饮,制定《会学十规》,为会讲活动制定了规章制度。这期间,他还把讲会的内容以著作《会语》的形式刊行于世。

---

① 《三水王氏家乘》卷十二,下。

因为讲学的声名远扬,巡抚和都察院都争相推荐69岁的王栋升任有关官职,未等南丰教谕的任职期满,就被提拔为深州学正。王栋到任深州学正后不久,接到曾任深州知府的南丰县达姓人一封书信。信中告诉王栋,他存有一坛黄金一直没有带回家,埋在府衙,要王栋取去留用。王栋在府衙办公,直至辞官归乡,始终不提此事。

70岁的王栋辞官回到姜堰老家,他两袖清风,仍乐学不倦,开门受徒,远近慕名而来听课的人越来越多。为了便于学生听课,他创建了归裁草堂,并著《会语续集》刊行于世。不久,74岁高龄的王栋被泰州知府萧抑堂聘请到泰州安定书院主持讲会,朝夕为士民讲学,四面八方前来听讲的人络绎不绝,学术影响很大。为了纪念王艮,泰州州守出资建吴陵精舍(即今崇儒祠),请王栋主持建设,他管理有方,各方面事务处理得井井有条,得到州守的高度肯定。

王栋卒于79岁的"正月二十六日"①。临终之前,他与弟弟王方诀别说:"我感到很欣慰的是,与你同为手足将近有八十年时间,从来没有一丝的厌烦。其他有什么不放心的呢?"他回过头来,对孙子说:"告诉门生吴轩等人,我有会学的事情要跟他们讲",王栋临终仍心系教学。王栋去世后,人们把他与王艮、王阳明一起尊称为"越中、淮南生三王夫子"(越中,指王阳明)。

王栋一生始终体现泰州学派"为天地立心,为生民立命"的改造社会的博大情怀,他不管是"出",还是"处",其目的都是为了"将乾坤世界重新镕铸一番"。在《会语正集》中,有一段关于他"镕铸天下"的论述:

有人问:"如果让你当政,你能把国家熔化铸造好?"他回答说:"熔化铸造国家,必须君主和大臣们同民同德,才可以进行。这也是孔孟之所以不得实现其志向的原因。如果让我负责管理一个城市,就要努力使一个城市得到有效的治理,道理是相同的。担心的就是监察的官员束缚住你的手和脚,让你施展不开来,使预想中的计划不能实施。所以,纠正田制的偏差,解决赋役的繁重,杜绝刑罚的过于滥用,防止文章过于注重辞令的动听,这些都是事关国

---

① 《王心斋全集》,王栋《年谱纪略》,第144页。

家治理的大政方针,熔化铸造岂是容易的吗?古代的人学习,不注重时势和追求地位。我将以教化天下百姓为己任,使得为师之道在社会上得到尊重和推行,培养的善人越来越多,朝廷主持公平正义,天下就能得到有效治理。这就是我所说的把天下国家放在一个大的熔炉里一起熔化铸造,而不会受时势和地位的影响。"

王栋在泰州学派诸杰中,没有创始人王艮的立异之举,没有颜钧、何心隐、李贽等人的激进,也没有显现出王襞那样的意气风发,但他却在继承和发扬泰州学派的思想上起到了极其重要的作用,成为王艮和泰州学派学术思想传播的左右手。他在 56 岁之后做的官职,都是相对清贫的教职。70 岁上致仕回到家乡泰州姜堰后,继续开门授徒,从事讲学活动,回归布衣学者本色,无论"出"当官还是"处"当教师,始终胸怀"镕铸天下"的大志。王栋这种不受时位所限,效法先贤改造社会的经世精神和做法,在当时的晚明社会,显得十分的难能可贵!王栋因此在黄宗羲的《明儒学案·一庵传》中得到很高评价。天启四年(1624 年),巡按直隶监察御史孙之益在为《明儒王一庵先生遗集》所作的序中,盛赞王栋为"一代大儒"。

2. 唯一特出者——罗汝芳

罗汝芳(1515—1588),字维德,号近溪,江西南城人。罗汝芳 15 岁起,有志于道学,由此受到了明朝程朱学派理学家薛瑄的影响,认为欲"体仁"必须把"万起万灭"的私心杂念除去。于是,就在寺庙中闭关静坐,试图从静坐上下工夫以平息欲念。但在长期苦想冥思之后,竟然"病心火"。

25 岁的一天,他偶然经过一座寺庙,见有《急救心火榜文》。他开始以为是医生的告示,后来才发现这是一幅招人听讲的布告:"以为名医访之,

3-10 **罗汝芳像**

则聚而讲学者也。"①于是,他便去听讲:"从众中听良久,喜曰:此真能救我心火。问之,师曰颜山农。山农者,名钧,吉安人也,得泰州心斋之传。"罗汝芳通过与颜钧的一番对话,明白遏制自己的欲望不是"体仁",而是要"放心体仁",因而在内心感到"如梦大醒","纳拜称弟子,尽受其学",从而也"得泰州心斋之传",成为颜山农的著名弟子。

罗汝芳对颜钧非常尊敬和爱戴。颜钧在南京被捕下狱,他放弃廷试,并变卖家产和募捐为其"补赃",并朝夕侍奉。师弟何心隐被捕后,他又变卖田产救之。后来罗汝芳被解职回乡时,已是 63 岁的老人,但在老师颜钧来到后,仍然不离左右侍候,一茗一果,必亲进之,诸孙欲代替他,他则说:"吾师非汝辈所能事也。"他的弟子杨起元以他为榜样,出入必以其像供养,有事必告之而后行,十分虔敬。黄宗羲借用顾宪成的评价说:"顾泾阳:'罗近溪以颜山农为圣人,杨复所以罗近溪为圣人。'其感应之妙,锱铢不爽如此。"②

年轻的罗汝芳不但在家乡苦读,还四处游访,考察社会,探究学问,并在从姑山创办"从姑山房",接纳四方学子,从事讲学活动。嘉靖三十二年(1553年),38 岁的罗汝芳进士及第,授太湖(今安徽太湖)知县。在任上,他订乡约,立讲规,召集诸生讲学,公事多在讲席上办理。两年后,由于政绩卓著,朝廷提升他为刑部山东司主事。

嘉靖四十一年(1562 年),罗汝芳出任宁国(府治今安徽宣城)知府。他为政重教化,以讲会、乡约为治,又主持修缮径县、南陵、太平等县的城池,政绩斐然。讼者纷纭的公庭,被他改作为会文讲学的场所,而封建政府的公库居然成为他馈赠"罪犯"的财源。这样的知府,不执行封建专治的律令,反而以"罪犯"为良善,这在中国历史上可谓绝无仅有。更为重要的是,罗汝芳热心于讲学,积极组织各地的讲学集会活动,得到社会各界人士的呼应和肯定,这自然会引发许多封建官僚的不满。

万历元年(1573 年),罗汝芳父丧守制期满,再次为朝廷起用,补东昌(府

---

① 《泰州学案》,《参政罗近溪先生汝芳》,第 760 页。
② 《泰州学案》,《侍郎杨复所先生起元》,第 807 页。

治今山东聊城)知府。他治理东昌有如宁国,未满三月,即令士民大为叹服。不久,调任云南道巡田副使,分守永昌。上任之后,即着手整治昆明堤坝,疏浚滇池,兴修水利,促进了当地的农业生产发展。万历三年(1575年),罗汝芳从永昌来到腾越州(今腾冲),一年多的时间,他主要做了三件事情。一是统调有限的军备、动员地方武装,联合抵御数万莽军(即缅兵)的入侵。在《明史稿·罗汝芳传》中,对罗汝芳的调兵遣将作战指挥有详细记载,最后的结果是"缅兵大败"。为此,给事中杨文举在为罗汝芳请军功的奏疏中说:"汝芳摄事金腾,严哨守,练土著,精间谍,军声大振。"作为一介文官,突遭莽军入侵时临危不乱,协调各方力量取得军事上的胜利,充分反映了他多方面的才能。二是兴修水利,主持修筑侍郎坝。三是举办讲会,借此教化民众。昆明的五华书院和春梅书院,是他讲学的重要场所。在云南的五年时间里,他通过讲学勉力教化民众,不仅使云南的学子和民众第一次近距离领略到了泰州学派学者的风范,也使泰州学派思想文化的种子播撒到我国的西南边陲。万历五年(1577年),罗汝芳官拜左参政。不久,因事进京,应邀至城外广慧寺讲学,朝中人士纷纷前往听讲。他的言行,激起内阁首辅张居正的强烈不满。给事中周良寅趁机弹劾他"事毕不行,潜往京师"[①],进而被罢官归里。罗汝芳回到家乡后,初衷不改,到处开展讲学活动,"所到弟子满座"。他还通过组织建立学会,在更大范围内扩大了泰州学派的思想影响。万历十六年(1588年),罗汝芳在家中去世,享年74岁。

　　罗汝芳一生著作很多,所著书达数百卷,目数十种。现存有《近溪子集》、《罗明德公文集》、《近溪先生语要》、《圣经宗旨》等,给我们留下了宝贵的精神财富。牟宗三先生认为,作为泰州学派的代表人物,泰州学派诸贤个个都有着鲜明张狂的个性,但唯独罗汝芳实属老实本分之人,是"泰州派中唯一特出者"。自称泰州"异端"的学派标志性人物李贽更是对罗汝芳肯定有加,在《书答·为黄安二上人三首》中指出,泰州学派由王艮到徐樾、颜钧、罗近溪(罗汝芳)、何心隐,"一代高似一代"。对泰州学派近乎挑剔的黄宗羲尽管对罗汝芳

───────────

① 《泰州学案》,第760页。

屡有非词,但也称他"一洗理学肤浅套括之气,当下便有受用"①。这种评价,实属难得。由于罗汝芳的讲学简易直截,类似禅宗的"顿悟"方式,所以黄宗羲又称他的讲学方式为"祖师禅",虽然对他有讥讽之意,然而对其把泰州学派理论发展运用到化俗的地步,增加了平民百姓向道成圣的自信,不无赞赏之意。仅这一点,就足以让后人称道他为"圣人"!而罗汝芳自己也曾说:"古今学者晓得去做圣人,而不晓得圣人就是自己。"

第三节　走向神州大地的泰州学派

泰州学派是一个弟子遍布全国各地的学派。据《王心斋先生弟子师承表》(以下简称《师承表》)的不完全记载,泰州学派前后五传计有弟子 487 人。其中,江苏 146 人,江西 35 人,安徽 24 人,湖北 10 人,福建 8 人,浙江 8 人,四川 3 人,湖南 6 人,广东 1 人,贵州 1 人,山东 2 人,河南 1 人,陕西 1 人,未详地域 240 人。

3-11　全国弟子分布图(崇儒祠中布展图)

---

① 《泰州学案》,第 762 页。

从泰州学派的讲学活动范围看,讲学的中心地点是在泰州。从继承王艮教席的其子王襞的讲学活动范围看,他的大多数时间是在泰州安丰场的东淘精舍讲学,据《年谱记略》记载:"开门受徒,毅然以师道自任。凡月三会,聚讲精舍书院。"同时,《年谱》中也有他前后多次去江西南昌、江苏苏州、江西吉安、福建兴化、江苏仪真、福建建宁以及金陵等地开讲的情况。从泰州学派另一代表性人物王栋的讲学情况看,他的讲学活动主要集中在江西,既当过训导、教谕、学正,又主持过白鹿洞书院、南台书院等讲席。他主持的讲席,对泰州学派思想走向全国起到了非常重要的作用。

从《师承表》记载的王艮一传弟子 148 人中,有籍贯可查者 75 人。可以说,泰州学派弟子在当时是遍及大半个中国的。

从王艮一传弟子的讲学情况看,全国各地都有泰州学派传人的讲学活动足迹。从王艮的江西籍弟子看,著名弟子有徐樾、颜钧、罗汝芳等。徐樾系嘉靖十一年(1532)进士,最初服膺阳明之学,后来拜在王艮门下,得"大成学"真传,成为泰州学派一传中著名弟子之一。徐樾在江西贵溪的严家书院讲学聚徒影响很大,后来又在北京、云南等地为官的同时开展讲学活动。他的弟子颜钧,讲学于江淮、两浙等地,与王艮同样具有轰动效应和影响力。如颜钧在豫章同仁祠会讲时,作《急救心火榜文》,听众有 1500 多人,盛况空前。颜钧的弟子何心隐除在家乡讲学外,在北京建复孔堂、湖北建求仁会馆,进行学派的思想宣传。特别是他在京师期间,"辟各门会馆,招来四方之士,方技杂流,无不从之"。而颜钧的另一个弟子罗汝芳,是嘉靖二十三年(1544)进士。罗汝芳在江西南城时,倡导恢复了盱江书院。在因父去世回乡后,讲学于姑山房(今天的明德书院)。罗汝芳后来当宁国知府时,以讲会《乡约》为治,公事多决于讲堂;后在补东昌知府,建见泰书院;再后迁云南监察副使,又行乡约于海春书院。在云南的五年时间里,罗汝芳除了经常在昆明五华书院和海春书院等处进行会讲外,周边的武定、昆阳州、澄江、弥勒州、通海、临安、石屏等地,滇西一线的楚雄、洱海、大理、鸡足山、永昌、腾越等地,都留下了他跋涉讲学的身影。他的一些讲稿,被其弟子们收集整理后编入他的著作之中。罗汝芳在途经贵州龙冈时,讲学于龙冈书院,甚至在召入京师进表时,还去广慧寺讲学。由此,也因讲学被罢官归里。回到家乡后,他又继续在浙江、江苏、福建、广东等地组织开展会讲活动,所到之处,"弟子满座"。从王艮的湖南籍弟子看,如程弘忠"倡学湖南,从游者甚,众人士咸称大儒"[①],又如胡秉观"毅然以倡学自任……以新学发论,风动遐迩……自是生徒日盛,达官显贵者送门延礼无虚日"[②]。再如福建籍三传弟子林纳,《师承表》中仅收录有一个名叫刘源的人。但实际上,林纳"倡学海甸,老而忘倦"[③]。未被《师承表》以及《泰州学案》收录的泰州学派杰出代表李贽,其讲学足迹到达北京、湖北、福建、河南、云南、江苏等地,信徒弟子众多,产生的社会影响十分巨大。

可以说,泰州学派的众多弟子在得到"泰州真传"后,把泰州学派思想进一步在全国范围内广泛传播,形成"阳明先生之学,有泰州、龙溪而风行天下"[④]的局面。而王门"弟子遍天下,率都爵位有气势。艮以布衣抗期间,声名反出诸弟子之上"[⑤]。泰州学派思想甚至作为"左派王学",传播到海外如日本、朝鲜、韩国等地。所以,我们结合《师承表》记载的再传、三传、四传直至五传弟子情况,很明显地感觉到袁承业在编撰《师承表》时,限于时间、精力和资料等多方面的因素,并未能全面真实地把如程弘忠、胡秉观、颜钧、罗汝芳等人的弟子情况收录其中。由此可见,泰州学派的记载和未被记载的成员地理分布,形成了一个以泰州为中心,辐射到全国各地甚至海外的盛况。

---

① 袁承业:《心斋先生弟子师承表》,第49页。
② 《心斋先生弟子师承表》,第104页。
③ 《心斋先生弟子师承表》,第66—67页。
④ 《泰州学案》,《序引》,第703页。
⑤ 《明史》,《王艮传》,第7275页。

第四章

心系百姓的学术品格

　　泰州学派诸贤有着强烈的天下担当意识,如黄宗羲在《泰州学案》中所评价的"诸公赤身担当,无有放下时节"。也正因此,泰州学派诸贤的学术思想内容包涵很广,在哲学、伦理、社会政治以及教育文化等多方面都有丰富翔实的论述,构成了学派学术思想的基本特色。关注社会、关注百姓,成为泰州学派始终如一的学术品格。

第一节　"万物一体"的生态哲学思想

1."身为天地万物之本"的世界观

　　王艮在《鳅鳝赋》一文中这样说:"吾闻大丈夫以天地万物为一体,为天地立心,为生民立命,几不在兹乎!"在这里,他把"万物一体"与"为天地立心,为生民立命"结合起来,强烈地体现了自己要为实现"尧舜之治"式的理想社会而奋斗的远大志向。

　　"万物一体"观以中国古代"天人合一"思想为理论根基。"天人合一",主要是说人与天地万物之间的和合关系,强调的是"天道"和"人道"、"自然"和

"人为"的相通、相类、统一。《易传》认为，人类和万物都是天地自然的产物，人是自然界的一部分，与天地自然相统一。人与天地自然互相沟通、协调和统一。道家创始人老子认为，人应当顺从自然，所谓"人法地，地法天，天法道，道法自然"①。庄子最早提出了"万物一体"的思想，认为"天地与我并生，而万物与我为一"②，甚至提出一切人为都是对自然的损害的观点，主张消除一切差别，使天地万物与人合而为"一"。孔子认为，"天"是一切现象和自然变化过程之根源，是宇宙的最高本体，万物包括人都是自然的产物，其运行有其自身的规律，说"天何言哉？四时行焉，百物生焉"③。在孔子思想的基础上，孟子进一步提出"尽心、知性、知天"的"性天相通"思想。到了西汉时期，董仲舒明确地提出了"天人之际，合而为一"④的"天人相与"哲学观念，从而使"天人合一"观发展到一个全新阶段。从维护和巩固汉代封建统治目的出发，董仲舒提出了"天人同类说"，认为天、地、人是一个统一体，把这"三才"串联、贯通起来的是"王"。因此，社会政治生活就要"以人随君"、"以君随天"，因为君王是现实世界中代替上天来统御臣民和万物的无上主宰。在此思想基础上，他又推论出"三纲五常"的封建道德说教。

宋明时期，理学家们开始从心性本体论的高度来论证"天人合一"思想。他们把"理"（天理）或"吾心"（良知）作为哲学的最高范畴，并从哲理思辨的角度进行表述。作为宋明理学集大成者的王阳明，则从"良知"是宇宙本体出发，构建了以"致良知"为核心内容的心学体系，从而把"天人合一"思想提升到一个新的高度，形成了"万物一体"、"天下一家"、"中国一人"的整体观。王阳明说："心外无物"、"心外无事"、"心外无理"、"心外无学"，认为不仅世上不同的人都有共同的"良知"，而且宇宙天地、世间万物也都具有"良知"，是"良知"把人与天地、万物凝成一体。所以，王阳明把《大学》所讲的"明德"释为"以天地万物为一体之心"，"亲民"指向为"以天地万物为一体之仁"来对待百

---

① 《老子》第 25 章。
② 《庄子》，《齐物论》。
③ 《论语》，《阳货》。
④ 《春秋繁露》，《深察名号》。

姓,而"安百姓,便是亲民",这里的所谓"安"是保障百姓生活日常需要,使百姓生活少一些折腾,多一些稳定。这里的"亲",是指关爱老百姓。但在王阳明的"万物一体"思想观中,人与人之间、物与物之间不仅有等差的,而且还是先天注定的"道理合该如此"。这样说的实质,就是从"良知"上自然发生出"合该如此"的封建伦理道德:义、礼、智、信。从这个基本立论点出发,王阳明把社会上的人群分为生知者、学知者、困知者三种,认为"三者人品力量自有阶级,不可躐等而能也"①。应当说,王阳明的"万物一体"与前贤相比,从哲理高度上作出了更完整、更严密、更巧妙的回答。但他的"万物一体","是人心与万物同体,是以人心主宰天地万物的'万物一体',也是以精神决定万物的'万物一体',是一种典型的主观唯心主义"②。

到了王艮,他的"万物一体"与王阳明着眼于恢复封建统治秩序的"万物一体"有了根本的差异。王艮从"身"是天地万物之"本"这一角度出发,强调人与天地的"万物一体"。他在教育学生时说:"学者须先识仁,仁者浑然与物同体。"在家乡东淘精舍讲学时,王艮作《勉仁方》刻于墙壁之上,说:"夫仁者,以天地万物为一体,一物不获其所,即已之不获其所也,务使获所而后已。是故'人人君子,比屋可封','天地位而万物育',此予之志也。"③在这里我们可以看到,作为王阳明弟子的王艮实施了置换术,他把王阳明的人"心"与万物同体巧妙置换为物质性的人"身"与万物同体,从而不仅使"万物一体"观赋予了朴素的唯物主义内涵,而且从整体的社会生态角度进行了论证。这就不仅使中国传统的"天人合一"思想被赋予处理人与自然关系的生态文化内涵,而且使其作为人的德性修养目标而有了既"显"又"隐"的着落点。其"显",体现在对为学者的德性目标要求上是人与自然之道(天道)的合一;其"隐",体现在对统治者社会治理的目标是应当顺应和满足"百姓日用"的自然性欲望要求。

---

①　王守仁:《王阳明全集》,中央编译出版社 2014 年版,第 82 页。

②　林子秋等:《王艮与泰州学派》,四川辞书出版社 2000 年版,第 71 页。

③　《王心斋全集》,卷一《语录》,第 30 页。

4-1 崇儒祠中"先觉堂"匾额

正是基于"万体一体"的思想观,王艮把自己的人生追求定位为实现"每个社会成员都成为君子,每户家庭都可以封赏,天地都安居正位,万物都顺遂生长"的理想社会。《年谱》中关于"托天之梦"的记载里,就有他"醒则汗溢如雨,顿觉心体洞彻,万物一体,宇宙在我之念益真切不容已"的话。而在拜王阳明为师后的北上讲学活动,王艮所做的蒲轮车上标语就是:"天下一个,万物一体,入山林求会隐逸,过市井启发愚蒙"。可以说,王艮的"万物一体",体现的是"我"这个人在宇宙万物中的主体自觉能动作用。在《语录》中,王艮也多次讲到"万物一体",如"万物一体之仁"、"万物一体之政"、"万物一体之德"、"万物一体之道"、"万物一体之志"等,根本目的就是不断强调"人"在与"万物"关系中的主体性。因此,王艮的"万物一体"说,实质上是一种以"人"为中心的"万物一体"说。在王艮的精神世界里,"万物一体"实质上被其赋予了一种"救世主式"的思想理念,一种想去改变现实社会状况的精神追求。但现实社会又是残酷的"无道"社会,所以"身"这个"天地万物之本"就显得尤其重要。因此,在论述"身"与"天下"国家的关系时,王艮这样说:"身与天下国家一物也,唯一物而有本末之谓。""身也者,天地万物之本也;天地万物,末也。"这里的"身"，指向的当然是人的生命。在"天下无道"的社会里，由于统治者既不"尊身"，又不"尊道"，故而对有志于改变社会状况的广大知识分子而言，"保身"最重要。因为如果失去了生命，谈何去改变社会呢？所以，如果一个社会"有尧在上"与"无尧在上"，也就是有像"尧"这样的皇帝与没有像"尧"这样的皇帝，所出现的社会状况是会完全不同的。这也是王阳明与王艮在关于"君子思不出其位"论辩时，认可王艮说法的根本原因。故而，当朝廷里有官员几次三番地推荐王艮去做官时，这对其他人来说可能是做梦都想的事，但他坚决推辞甚至明确要求其子也不要去做官。

王艮在讲学中，经常教育学生要懂得保身，说"不知安身便去干天下国家事，是谓之失本也"。保住了"身"，就是保住了"本"。王艮认为，天下国家是由众多的普通百姓组成的，统治者要使百姓"安身"，必须既要"尊道"又要"尊身"。在这里，王艮把百姓的"安身"与统治者"明德"、"亲民"的要求联系在一起，说"知道去彰明美好的德行，但不知道使人弃旧图新，这是丢弃了次要的东西，不是万物一体的最高德行。知道彰明德行、使人弃旧图新、去恶从善，但不知道使生命安全得到保障，是失去根本的行为。使根本的东西乱掉而次要的东西得到治理，这是不对的啊！这样也就不能使人弃旧图新、去恶从善了！知道生命安全有保障而不知道去彰明美好的德行、使人弃旧图新，去恶从善，这也不是所谓的抓住了事物的根本"。

王艮认为，"穷究事物的道理，就是达到最高的善的境界"，但"止至善"的前提，是区别事物的本和末，所以他说："格物穷理的物，就是事物有根本和末端的物。"王艮从"身"是"本"，"天下国家"是"末"的思想观念出发，认为只有自身"本"正，才能使天下国家这个"末"正。为此，他把自身比作"矩"，天下国家比作"方"，强调进行经常性的自我反省，说："行有不得者，皆反求诸己。反己，是格物的功夫。"这样做的话，就能达到"其身正而天下归之"的目的。也因此，在王艮心目中，个人的"身"就成了衡量一切事情正确与否的标准。所以，在王艮看来，百姓之"身"是天下国家的根本，统治者只有满足百姓"日用"生活需要，才是符合"圣人之道"的行为，否则就是"异端"。在《明哲保身论》中，他明确提出"天下有道，以道殉身；天下无道，以身殉道"的思想，把"以道殉身"视为"天下有道"的表现,"以身殉道"视为"天下无道"的表现。这种以百姓之"身"为本的"万物一体"思想,实质上是一种"以人为本"的思想反映。王艮曾明确要求"大丈夫以天地万物为一体,就要为社会重建精神价值,为民众确立生命的意义"。

也正因此,在王艮"为生民立命"的"万物一体"思想大旗下,聚集了一群以天下为己任的英雄人物。族弟王栋从"万物一体"的世界观出发,提出了要在"出"之中"行经世之志",在"处"之中"将乾坤世界重新镕铸一番"的"熔铸天下"思想。其子王襞继承王艮的社会理想,以"万物一体之仁"的精神,在家乡创建了宗会,大胆进行社会改革实验。弟子颜钧早年接受阳明心学思想,在家乡永新散尽家财创办"三都萃和会",追求实现"以仁天下人心"的"大成仁道",以强烈的使命意识和极大的教育热情投入到社会教化活动之中。面对处在水深火热之中的百姓,他把斗争矛头直接指向封建的最高统治者,认为"近代专制,黎庶不饶",其"责在君臣"[①],明确要求统治者"足民食"、"造民命"、"聚民欲"、"复民性"。颜钧的弟子何心隐效法恩师做法,在家乡聚资建"聚和堂",进行理想化的社会改革试验。他认为"圣人以道济天下"的关键不是弘道而是行道,对社会的改造是"易"而不是"革"。"易"就是通过讲学宣传,使社会人与人的关系发生显著改变,君臣之间就像朋友一样相处,即"天下统于友朋"。可以说,泰州学派的思想家们以"万物一体之仁"的精神,躬行着实现人类长期来的对理想大同社会的追求。尽管这种思想在当时社会只能是一种幻想,他们的实践也只能是一种"乌托邦",但是正如鲁迅先生在《中国人失掉自信力了吗》一文中所说:"我们从古以来,就有埋头苦干的人,有拼命硬干的人,有为民请命的人,有舍身求法的人……虽是等于为帝王将相作家谱的所谓'正史',也往往掩不住他们的光耀,这就是中国的脊梁。"

2. "自然之谓道"的人性论

黄宗羲认为,王艮的思想是"以自然为宗"。从创始人王艮开始,泰州学派把王阳明的"良知"说发展成为一种自然人性论,即以良知不思不虑,率性

---

① 《颜钧集》,《耕樵问答》,第53页。

而行,纯任自然,从而破除了传统"天理"教条对人性、人欲的束缚。

王阳明从"心即理"思想观点出发,认为"良知"是人性普遍固有的、不假外求的"本体",实质上是一种先验的心性论。与此相对应,王阳明把人的后天活动经验概括为"致良知"。与其师王阳明的认识不同,王艮认为人的"身"才是"本体",而且是符合自然的"天性之体",就如同自然界的鸟飞鱼跃一样。在此思想认识基础上,王艮提出了"良知致"。

对于王艮的自然人性论,后继者们从不同的角度进行了发挥。族弟王栋坚持"人欲合理"的思想,认为"耳目口鼻四肢之欲,人所必不能无"。其子王襞进一步提出了"自然之谓道"的思想,把鸟啼花落、山崎川流、天地变化、草木繁殖等都看成"希天之自然"景象,是自然界的运行规律。这一思想观点,把道学家们不可捉摸的"天理"之"道"变成了现实的"自然"之"道"。在此思想基础上,王襞又进一步提出了"率性之谓道"的思想主张,认为我们每一个人的至灵本性,是上天赋予的"穆不已之体"也就是天道合一的实体,所以说:上天赋予人的这一点真灵,就是人的自然本性。自然本性,刚强雄伟、正直忠直,是不存在任何杂质的一种极其精微神妙而且不见形迹的东西。可以说,王襞的"自然之谓道",实际上是一种要求顺应个体人性要求的自由思想。

徐樾提出了"率性修道"说,认为"圣贤教来学,率性而已"①。他的这一思想被弟子颜钧大加发扬,上升到造化天地万物的地步,说"人为天地心,心帝造化人,是仁惟生,是生明哲"②。他提出了著名的"人心为贵说",认为人心是宇宙万物的主宰,一方面统摄人身,另一方面是天地万物的主宰和创造者,而且人的"心"与"性"是相联系的。所以,颜钧主张"心即性",提倡"从心率性",并提出了"制欲非体仁"命题,从而把人的自然欲望纳入了"道德伦理"的范畴,从根本上否定和批判了传统理学"存天理,灭人欲"的错误思想。在颜钧的思想基础上,何心隐把人的所有欲望都看作自然本性的表现,提出了"寡欲"和"育欲"的思想主张,说"性而味,性而色,性而声,性而安逸,性也"③,而

① 《泰州学案》,《波石语录》,第727页。
② 《颜钧集》卷二《论三教》,第16页。
③ 《何心隐集》卷二《寡欲》,第40页。

且认为这些欲望都是不应当否认和改变的。何心隐的"寡欲",既肯定个体欲望的合理存在,又主张节欲,反对纵欲和"无欲";他的"育欲",主张通过"尽天之性"而又"有所节"的方式来实现人的自然本有欲望。在此思想基础上,他甚至提出了统治者要"与民同欲"的思想主张。

"异端之尤"的李贽,倡导"童心说"。其"童心"是指人的本真之心,就是所谓"最初一念之本心"。在"童心说"的基础上,李贽提出了著名的"穿衣吃饭,即是人伦物理"①的命题。他对人们追求"当下自然"的生活欲望给予了极大的肯定,说"如好货,如好色,如勤学,如进取,如多积金宝,如多买田宅为子孙谋,博求风水为儿孙福荫,凡世间一切治生、产业等事,皆其所共好而共习,共知而共言者,是真迩言也……我之所好察者,百姓日用之迩言也"②。他认为敢于去追求自身正当生活欲望的人,才是"有德之人",而对那些满口道德的假道学家给予了尖锐的批判,说一个人如果不是凭自己的"童心"来探索这种"当下自然"的人道,而是用满口的"天理德行"而隐藏内心"害人利己之欲"的话,那他的学问就是"假道学"而不是"自然真道学"。

汤显祖强调"情"也就是"性灵",提出了"至情说"和"灵气说",反对程朱理学"存天理,灭人欲"的说教。在文学艺术上,汤显祖追求尚真原则,认为文章之妙在于"自然灵气",称"独有灵性者,自为龙耳"③,强调作者要把真情实感不假造作地表达出来。汤显祖的这些文学主张,对公安派产生了重要的思想影响。"公安三袁"的袁宗道、袁宏道、袁中道倡导"性灵"说,主张为文作诗须"独抒性灵,不拘格套,非从自己胸臆中流出不肯下笔",说"真人所作,故多真声","惟有真人,而后有真言。真者,识地经高,才情既富,言人之所欲言,言人之所不能言,言人之所不敢言"。④

可以说,泰州学派从王艮到王襞、王栋、颜钧、何心隐、李贽等,都强烈批评传统理学家们的存理灭欲理论,因而其自然人性论被视为"异端邪说",乃

① 《李贽文集》,《焚书》,《答邓石阳》,第19页。
② 《李贽文集》,《焚书》,《答邓明府》,第59页。
③ 《汤显祖集》,《新元长嘘云轩文字序》。
④ 《袁中郎全集》,卷三《叙小修诗》。

至"左道惑众"。而从历史发展进步的角度来看,泰州学派的自然人性论无疑具有超出中世纪的启蒙精神,成为其思想遗产中最有价值的理论内容。

第二节　"百姓日用即道"的民本思想

1."圣人之道,无异于百姓日用"的平等观

在中国传统文化里,"道"一直是一个十分神秘而玄妙的东西。在久远的人类文明历史进程中,它一直被认为是士大夫的专利,普通的群众是不能认识的。《易经·系辞上》说:"一阴一阳之谓道,继之者善也,成之者性也。仁者见之谓之仁,知者见之谓之知,百姓日用不知,故君子之道鲜矣!"即是说:阴与阳的交替变化叫作道,二者之间相继不断就是善,成就万物的就是本性。仁者从自己的角度看就叫作仁,智者从自己的角度看就叫作智。平民百姓每天接触阴阳之道但不懂得它,所以君子之道就很少有人知道了。这句话的言外之意,是说"道"高高在上,只有圣人才能够认识和掌握,普通百姓是不可能知道的。在中国历代思想家中,多持这一观点。《论语》中,就记载有孔子说的 "唯上知与下愚不移"这样的话。孔子所谓的"上知"就是"生而知之者,上也"[①]一类的天生圣人,由于他们先天就具有某种天赋才能,所以不需要后天的教化;而"下愚"则是"困而不学,民斯为下矣"的人,这种人即便是在生活或工作中遇到困难了都不愿意学习,因而是无法改变的。也就是说,"上知"与"下愚"者都是天生注定的,无法改变其命运和地位。

孔子的这种差等观也直接影响了后世的思想家们。无论是以董仲舒为代表的汉代思想家,还是后来社会如宋明时期以朱熹、王阳明等为代表的思想家,他们都将社会上的人们截然分为两个等级:君子与小人或贤人和愚者。这种先天存在的差别,反映在家庭(族)和社会生活领域之中,则是赋予了"上者"统治、管理和剥削"下者"的无上权力。这种先天等级观到了董仲舒那里,

---

① 《论语》,《季氏》。

把孟子"父子有亲、君臣有义、夫妇有别、长幼有序、朋友有信"的"五伦"道德规范加以发挥,形成"君为臣纲、父为子纲、夫为妻纲"的三纲原理和"仁、义、礼、智、信"的"五常"之道,并以此说明封建等级制度、统治秩序的合理性和神圣性。到了宋代朱熹,把"三纲五常"联用,并称之为"天理"。在朱熹看来,天地之间的这种"天理"是一种离开物质生活能够化生天地万物的先验存在,所以他提出了"存天理,灭人欲"的思想主张。封建理学这种对广大百姓人性的压抑和"强制",连王阳明这样的封建高官都无法忍受,他毫不掩饰地指出:"圣之学不是这等捆缚苦楚的,不是妆做道学的模样"①。在给皇帝的上疏中,他奏陈"小民困苦已极"②,要求统治者减轻人民的负担。客观地说,王阳明传播的这些思想观点事实上使个体人性在理学重压之下喘了一口粗气,但与此相比,泰州学派王艮提出的"百姓日用即道"思想观则使"理(道)"从杳不可知的先验世界降落到现实的尘世生活,被赋予了全新的"圣凡平等"思想内涵。

4-2 崇儒祠中王艮语录碑

---

① 《王阳明全集》,《传习录下》,第98页。
② 《王阳明全集》,《乞宽免税粮急救民困以弭灾变疏》,第399页。

《传习录》里有这样的记载：一天，王阳明问刚从外面归来的王艮，在街上见到什么。王艮回答说："看见满街上都是圣人。""满街都是圣人"，是说满街上行走的普通百姓都是圣人。王艮的这一思想，把笼罩在"圣人"头上的神圣光环彻底打碎。在王艮看来，圣人与愚夫凡妇不仅是等同的，而且"愚夫愚妇"就是圣人。而这一圣凡平等的思想，也为之后学派著名思想家李贽提出"圣人与凡人一"的思想命题奠定了基础。不仅如此，王艮还指出："圣人之道，无异于百姓日用。凡有异者，皆谓之异端。"这句话的意思，实际上是把是否顺应和满足"百姓日用"作为衡量统治者所说"道"正确与否的标准，认为如果不符合"百姓日用"就是旁门左道式的"异端"。这一评价标准的确立，体现的是朴素唯物主义的认识论，无疑是对千古之道的大胆反叛，极大地冲击了封建正统思想。正因为如此，在封建卫道士眼里，阐释和代表百姓诉求的泰州学派反成为大逆不道的"异端"。

2."穿衣吃饭即人伦物理"的人欲观

宋明时期，"存天理，灭人欲"的禁欲主义思想，使封建专制社会对个体人性的压抑达到了极致。先是二程兄弟明确提出"灭欲而存理"的主张，随后的朱熹进一步将封建伦理纲常纳入其中。王阳明从"心即理"的心学思想体系出发，提出"去人欲、存天理"的思想主张，突破了程朱理学"天理"的绝对性，部分地肯定了人欲的合理性。到了泰州学派王艮，则是进一步肯定了人欲的合理存在，他对"天理"的解释是："天理者，天然自有之理也"①。意思是说，所谓的"天理"，就是自然而然的合乎需要的道理。他提出的"百姓日用即道"思想主张，认为统治者满足广大百姓的人欲需求，才是真正的合理之"道"。不仅如此，他还进一步指出："苟养之有道，教之有方，则衣食足，而礼义兴，民自无恶矣。"②王艮强调人的生存需要是第一位的，认为如果失去了"身"这个"本"，所有的"学"就不再是"学"，那样也就没有任何的意义。

王艮关于百姓"人欲"是合乎"天理"的思想，终于撕开了传统禁欲主义的

---

① 《王心斋全集》，卷一《语录》，第 10 页。
② 《王心斋全集》，卷二《王道论》，第 64 页。

"堤防"。其后的学派弟子们更进一步发展了他的思想,不断地冲击着传统理学的思想藩篱。在王艮人欲合理的思想基础上,王栋又直接提出了"人欲不能无"的论点,旗帜鲜明地提出反对传统理学遏制人欲的要求。王栋指出,一个人在耳目口鼻四肢等方面的基本欲望是不能缺少的,说"孟子说'养心'与'寡欲'比较没有'寡欲'这一美德的品质淳厚,荀子却说'养心'与'诚'比较没有'诚'这一美德的品质淳厚,这不仅是不懂得什么是'诚',也是不懂得'养'的意思。人的内心一旦有所感知,便是真实的本体。不善于'养',就会产生'牿亡'的祸害。所以,人的耳朵、眼睛、嘴、鼻子以及四肢的欲求,作为一个人来说是必定需要满足的。所有减去与缺少供养的行为,容易使人的内心少了些许负担。但如果使人的欲望有所满足,那就容易使人进行清淡明雅和清湛专一的境界了。这不是一定要让人在遏制欲望上面下功夫,只是要教人知道在物质欲望的满足方面有所节制和节省罢了!"

颜钧指出"人欲"是人的自然本能,是人的本性,是不应该进行约束和限制的,他反对理学家们遏制人欲的说法,提出了"制欲非体仁"的思想。在《急救溺世方》一文中,他要求统治者"大赍以足民食、大赦以造民命、大遂以聚民欲、大教以遂民性"。在他看来,"欲"是具有合理性的人的本性,只有做到符合人的生理要求才是"仁"。受颜钧思想影响,罗汝芳更强调人身的可贵,指出"百姓日用"是人的本性,明确提出"圣人即自己"的思想。而何心隐则指出人的各种欲望是本性使然,"欲货色,欲也;欲聚和,欲也",而"人之好贪财色,皆自性生。其一时之所为,寔天机之发,不可壅阏之"①。为此,他不仅提出了"寡欲"的思想主张,而且提出了统治者应"与百姓同欲"的思想主张。有"异端之尤"之称的李贽则将"人欲"上升至"人伦物理"即"道"的高度,他说:"穿衣吃饭,即是人伦物理。除却穿衣吃饭,无伦物矣。世间种种,皆衣与饭之类耳。故举衣与饭,而世间种种自然在其中。非衣食之外,更有所谓种种绝与百姓不相同者也。"②他从人欲是人的本性观点出发,得出"人必有私"的结论,

---

① 《何心隐集》,《嘉隆江湖大侠》,第143页。
② 《焚书》,《答邓石阳书》,第19页。

说"圣人之学，无为而成者也。……农无心则田必芜，工无心则器必窳，学者无心则业必废。无心安可得也？……夫私者，人之心也。人必有私而后其心乃见。若无私，则无心矣"①。李贽这种"人必有私"的思想观点，与伟大的无产阶级革命导师马克思提出的"人们奋斗所争取的一切，都同他们的利益有关"的论述，有着惊人的相似之处。李贽认为，自私是人的天性和本性行为，即使像孔子这样的圣人也不例外，说"虽有孔子之圣，尚无司寇之任，相事之摄，必不能一日安其身于鲁也决矣。此自然之理"。他这样论证的结果，使得神圣的"天理"从天而降下落到凡尘，还原为广大人民群众穿衣吃饭等物质性的平凡"人欲"，而被道学家们视为万恶的"人欲"反而上升为神圣"天理"。这在盛行"存天理，灭人欲"的明代封建等级社会里，绝对是惊世骇俗之论。不仅如此，李贽在肯定百姓"人欲"合理性的基础上，还提出了"顺欲"的思想主张，要求统治者必须顺应人民群众的欲望需求，并说"顺民之所欲"才是"善"的，而且要求统治者要细察百姓的"迩言"，以从中获取治国的意见。

列宁指出："判断历史的功绩，不是根据历史活动家没有提供现代所要求的东西，而是根据他们比他们的前辈提供了新的东西。"②可以肯定，泰州学派诸贤这些对"百姓日用"生存渴望与物质需求"人欲"的大胆论述，在赋予"道"合乎人性的具体生动内涵的同时，既表明要始终把百姓放在思想家、统治者关注的中心，是对千古之"道"的大胆反叛，也是对宋明理学的一个空前的"反动"（梁启超语）。

第三节　"人人君子"的平民教育思想

1."人人君子"的教育理想

泰州学派创始人王艮在他的《勉仁方》一文中，谈到自己的教育理想时

---

① 《藏书》，《德业儒臣后论》，第544页。
② 《列宁全集》卷二，《评经济浪漫主义》。

说："夫仁者，以天地万物为一体，一物不获其所，即己之不获其所也，务使获所而后已。是故'人人君子，比屋可封'，'天地位而万物育'，此予之志也。"他希望通过教育，使社会上每一个人都能成为君子即"人人君子"，使社会达到"比屋可封"的理想状态。因此，泰州学派从王艮到其子王襞、族弟王栋以及众多的弟子，无不以此为人生目标追求。

王艮拜王阳明为师，不仅有因阳明心学"简易直截，予所不及"的折服和谦虚学习吸收借鉴的因素，也不排斥借王阳明这杆大旗张扬自己思想学说的目的。王艮与王阳明的思想是不尽相同的。阳明心学的根本目的，是要破除百姓心中的人欲即所谓的"心中贼"，从而维护封建专制统治秩序。而王艮思想学说的出发点和归宿，则是维护和满足广大百姓的利益需求，实现社会的有效治理。因此，从表象上看，王阳明的"破心中贼"教育与王艮的"百姓日用即道"宣传在关于社会治理问题上具有一定的思想契合点与共通之处，但是在如何实现社会有序治理、培养什么样的人才的根本问题上则有着明显不同。王阳明讲学授徒时，往往要求学生"先立必为圣人之志"。从"心即理"思想观念出发，王阳明把提高人的内心道德修养作为教育的根本问题，认为圣人和普通人从生下来就是不同的，圣人良知常在，而普通人的良知常常被私欲遮蔽住，所以就必须有一个为善去恶的"致良知"功夫才能"明其心"。而王艮则认为圣人与普通人之间的差别，只是在"知"与"不知"上，普通人的区别在于未经学习而不懂得道理而已。所以，王艮认为教育就是"以先知觉后知"，从而消除圣人和愚者之间的界线，达到"良知致"使普通人也能成圣成贤。王艮把教育看作使人们能够成圣成贤的"圣人之道"，十分推崇孔子的"学不厌，教不倦"。他认为，教师从事教育是没有必要讲究"地位"不"地位"的，只要你如孔子一样努力，便能成就"位"、"育"之功德。王艮指出，孔子虽没有尧舜那样很高的政治地位，但从事"下治"教育工作与尧舜"上治"管理国家对老百姓来说是同等重要的，指出"飞龙在天，上治也，圣人治于上也；见龙在田，天下文明，圣人治于下也"[1]。"飞龙"是指尧舜样的明君，"见龙"是指如

---

[1] 《王心斋全集》，卷一《语录》，第11页。

孔子样的教师。王艮把教育事业看作"不袭时位"的"经世之业",认为教师应是天底下最善的人,因此教育工作做好了,社会上的善人就会多,朝廷就会公正,天下就能得到治理。于是,王艮慨然以师道自任,追求"处为天下万世师"的教育人生。即使晚年多病的情况下,也坐榻抱病讲学传道,在临终之际仍谆谆嘱咐几个儿子:"人生苦患离索,虽时序友朋于精舍,相互切磋,自有长益。"①他这种以一己之身担当天下责任的精神,当是后世发出"天下兴亡,匹夫有责"的社会责任感和使命感的先声。

王艮之后,泰州学派弟子无不以师道自任,他们希望通过讲学活动,挽救"世风日下、人心不古"的晚明社会。如族弟王栋把一生都贡献给了教育事业,在长达半个多世纪的教育生涯中,以将"乾坤世界重新熔铸一番"的宏大气魄四处讲学传道,尤其热衷于办讲会,并把讲学与讲会两种教育方式结合起来,创造成为一种全新的教育形式,试图以自家宗族的教化与管理实现从化及一乡一邑直至国家的有效治理。又如何心隐,在参与计除严嵩之后,离开京城,在福建、浙江、湖北、四川等地,到处聚众讲学,长达 11 年之久。在福建漳州、莆田等地,他"识交八闽贤士",前来听他讲学的人非常多。后来他又遍访吴越、巴蜀等地,跋山涉水、不辞辛劳宣传泰州学派思想。

泰州学派从创始人王艮开始,就从"位天地,育万物"的高度,从尊重和维护广大人民群众的价值、利益出发,把教育工作看作实现国家治理的"尧舜事业",倡导和进行"人皆可为尧舜"的"人人君子"教育实践,这在中国历史上是极为罕见的。尽管他们未能改变风雨飘摇的明代社会灭亡的命运,却在中国历史上留下了光彩夺目的一页!

2."有教无类"的教育原则

"有教无类"是我国伟大的思想家、教育家孔子的观点。在孔子之前,只有贵族子弟才能接受教育,一般平民子女没有资格获得读书学习的机会。孔子作为伟大的教育家、思想家,首倡教育的"有教无类",并创办了私学,由此打破了教育的蒙学局面。所以,在孔门"弟子三千,贤者七十二"中,平民弟子

---

① 《王心斋全集》,卷三《年谱》,第 76 页。

不在少数,如贫穷的曾参、颜渊、子贡等,这不能不说是孔子在教育上的了不起的功绩。孔子这种不拘一格的教育思想和实践,开创了具有平民化、社会化特色的先秦儒学。但自汉代董仲舒"独尊儒术"以来,儒学开始上升为官学,儒家教育实质上沦为封建君主的专制工具,使得早期儒学的平民化特色最终荡然无存。

明代泰州学派的出现,可以说是真正做到了教育的"有教无类",真正使文化下移到民间,开创了教育人民性的历史先河。泰州学派从创始人王艮开始,就力图恢复和发展孔子与先秦儒家的教育传统,始终坚持"入山林求会隐逸,过市井启发愚蒙"的讲学作风,教育学生不分贵贱贤愚,只要你愿意来学习就行。

王艮认为,"人之天分有不同,论学则不必论天分。"因此,他不承认普通百姓与所谓的圣人之间有着不可逾越的鸿沟。他认为普通百姓只要经过读书学习,纠正"气禀物欲之偏"也能成为圣人,而且他主张真理必须是从社会底层平民百姓的日常生活中去寻求。在王艮看来,"百姓日用"不仅是"学"的具体内容,还是检验"道"的标准。他自称是"东西南北之人",一生"概然以师道为己任",书院、闹市、深山、野林等,到处都留下了讲学的足迹,"故一时海内豪杰,不远千里以追随"①。

泰州学派弟子们忠实继承着王艮的"有教无类"的教育原则。如其子王襞,讲学足迹遍布江苏、浙江、福建、江西、安徽等省,弟子遍及大江南北,且多为陶人韩贞、樵人朱恕一样的平民百姓。又如有"东海贤人"之称的韩贞,讲学对象"无问渔樵与工贾",只要愿意来接受教育的,他都接受。他对前来求学的穷苦人家的孩子一律免收学费,对求学取得进步的人替其保存学费,而如果学习退步不愿再学的则将学费如数退还。再如罗汝芳,把封建的官府衙门当作讲学传道的场所,甚至把嫌犯也作为教育对象的做法,这在中国历史上是绝无仅有的。再有如李贽,主张教育的男女平等。他的传道对象中,既有如"公安三袁"这样的著名文坛领袖,也有如大同巡抚梅国桢、翰林院修撰

---

① 袁承业:《明儒王心斋先生全集》卷四,《谱余》。

焦竑这样的高官,更有众多平民百姓,其中不乏妇女、儿童、和尚甚至尼姑。以至于当时的礼科给事中张问达在给他罗织罪名时,诬称他"勾引士人妻女,入庵讲法"①,这恰好从一个侧面说明其平民教育的深入。可以说,泰州学派诸贤真正把孔子"有教无类"的教育原则有效践行,也因此使学派思想得到了更为广泛的传播。

3."简易直接、启发诱导"的教学方法

汉武帝"罢黜百家,独尊儒术"之后,儒家思想成为显学。故而后世诸生为了出人头地,只能在塾师的教导下,悬梁刺股式地拼命读书,以求科举场上金榜题名。因此,如何开展教学才能使学生在读书过程中寻得"孔颜乐处",这几乎成为后世诸儒长期探讨的话题。特别是到了明代,科举考试命题均来自"四书"、"五经",考生如果不能熟记经传和注释,就不可能高中。为了实现"功利"目的,学子们往往采用死记硬背的办法读书。为此,王明明提出了"知行合一"的教学原则和教学方法,明确要求学生要做到自求自得,以"致良知"。

王艮认为,教学要"教不倦,仁也;须善教,乃有济。故曰:成物,智也"②。这句话的意思是,教师诲人不倦,是仁道的体现;教师教导有方,才能使学生有所收获。首先,注重教学环境的营造和为师者的形象。王艮十分注重教师的身教,认为"言教不如身教之易从也",要求学生要时刻以孔孟为榜样,"其身正而天下归之,正己而物正者也"。据记载,他经常穿着一身古式的黑衣服,头戴五常冠,脚登方履,手拿笏板,俨然孔圣人化身,由此产生很大的轰动效应,也引起人们极大的从学心理。其次,注重运用灵活多样的教学形式,即一要讲说明白,二要进行引导,三要宽容对待学生过失。王艮善于运用生活化的事例对学生进行教育引导。如学生王汝贞刚入门时,他就指着旁边的木匠告诉王汝贞,学习就如同木匠砍木头一样,自自然然才能学得轻松、快乐。他的"以他事动其机"的教育方式,充分体现了启发式教学的原则。再次,注

①　《明神宗万历实录》卷三六九。
②　《王心斋全集》,卷一《语录》,第13页。

重创新教学内容。在教学中,王艮往往对传统的"章句世说"用自己的观点进行大胆的解析,由此引起听众的极大兴趣。他把教学内容与"明德"、"止至善"、"亲民"有机结合,指出统治者要使百姓"安身",就要"明德、亲民",才能"止至善"。由于他善于批判地继承前人的思想资料,又从广大劳动群众的利益要求出发,敢于摈弃不符合"百姓日用"的圣经贤传内容,说出了百姓的心里话,又善于从群众日常生活的具体事实出发进行教学创新,满足了当时社会广大中下层人民群众的愿望与要求,因而形成了泰州安丰场四方从游日众,相与发挥百姓日用之学的盛况。

王艮的教学方式,被众弟子加以继承并创新。如族弟王栋把王阳明"致良知之学"与王艮的"淮南格物"论"合而一之",创造性地提出了自己的教学方法,善于运用启发引导,做到晓之以理、动之以情……正是由于学派诸贤的教育努力,泰州学派思想才能得到广大人民群众的相信和接受,并不断地得到发扬光大。

4."学不离乐"的学习方式

由"内圣"而"外王",这是中国式家长对子女学习的普遍期望,也是大多数读书人的内在要求。做到"内圣",读书学习是唯一可走的路径。因此,远在北宋时期的大儒周敦颐就曾提示弟子程颢、程颐:"寻颜子、仲尼乐处,所乐何事"①。在《论语》中,孔子这样自述:"饭疏食饮水,曲肱而枕之,乐亦在其中矣! 不义而富且贵,于我如浮云。"他又赞美颜回道:"贤哉回也! 一箪食,一瓢饮,在陋巷,人不堪其忧,回也不改其乐,贤哉回也!"只有简单的餐饮,别人往往不堪忍受,而孔子、颜回却感到乐在其中,为什么呢? 千百年来的读书人都在思考着这个问题。其实,周子提出的问题,讲的是在贫困的生活环境中如何保持愉悦的学习心境问题。很显然,孔颜之乐是一种超越贫贱与富贵的内心自足的生命快乐,是一种超越了物欲的精神快乐,而且是一种体现了个体身心和谐的人生理想境界。因此,欲达到这一理想之境,如何"学"的问题摆在千百年来的学人们面前。

---

① 《宋史》,《道学传》。

　　王艮认为,"乐学"是为学者的第一要素。他说:"天下之学,唯有圣人之学好学,不费些子气力,有无边快乐;若费些子气力,便不是圣人之学,便不乐。"①意思是,天底下的学习,只有追求成为圣人的学习是最好学的,不要花费多少力气,有无穷尽的快乐。如果要下蛮力死学的话,就不是成圣的学问,当然不能够快乐。这里隐含着的意思是,为学者的学习应是自觉自愿的行为,因而他们的内心里会感到读书是成就人生(成圣)的第一需要,就会想读书、爱读书,这样就能寻到"孔颜乐处"。所以,王艮说:"学者有求为圣人之志,始可与言学。先师常云,学者立得定,便是尧舜、文王、孔子根基。"他指出:"不亦说乎? 说是心之本体。"正由于为学者的内心是自然而然地感到快乐的,与鸟儿和鱼儿等动物一样是自由自在的,所以他才能够去除私心私欲,进而读好书,修好身,成为圣人。这个思想在他写的《乐学歌》中表达得淋漓尽致。

4-3　《乐学歌》碑

---

①　《王心斋全集》,卷一《语录》,第5页。

王艮指出，学习是不能带有功利思想的，说"日用间毫厘不察，便入于功利而不自知，盖功利陷溺人心久矣。须见得自家一个真乐，直与天地万物为一体，然后能宰万物而主经纶，所谓乐则天，天则神"。在这里，乐学是从学习的目的、动力和方法来说的，而这与学习所需要的刻苦精神并不矛盾。何以才能见到"真乐"呢？王艮认为，学习必须用功。而这一用功学习的过程，既是下苦功的过程，更是动脑筋想办法从书本中追求智慧进而获得快乐的过程。他以孔子读书为例："孔子之时中，全在韦编三绝"，意思是孔子之所以能做到时刻处于中和的状态，是因为他读书勤奋而多次磨断了编联竹简的牛皮绳子。他认为，读书不仅要用功，更要动脑，从细微之处入手，认真研读，反复思考，才能有所收获，从而获得正确的知识。王艮自称"大成圣"，在《大成学歌》中道："我将大成学印证，随言随悟随时跻。……至易至简至快乐，至尊至贵至清奇。……自此以往又如何？吾侪同乐同高歌。"后人评价他的教学："先生教人，乐学相因；直指本体，千圣同心；鱼跃鸢飞，脱去见闻。"①

王艮的"乐学"思想，被学派弟子们加以发挥。王襞认为，真正的"乐"是不追求得失的"乐"，其最高境界是"以天然率性为乐"②。王栋认为，人心本自快乐，故而孔门"教人第一义"就是"乐"，孔门"第一宗旨"就是"学不离乐"③。一次，一个学生感到自己学有过失，说因为惭愧后悔而不快乐。王栋引导他说，不要烦恼前面已经失去的，只要对今天的学有所获就感到快乐。

泰州学派高扬"乐学"教育理念，坚持"以觉民自任"，其教育目的是"使是君为尧舜之君，使是民为尧舜之民"，最终使整个社会达到"人人君子，比屋可封，天地位而万物育"的理想境界，显然，"乐学"理念不仅是教育观创新，更是一种社会观探索。

---

① 《明儒王心斋先生全集》，《王艮墓铭》。

② 《王心斋全集》，《上昭阳太师李石翁书》，第217页。

③ 《王心斋全集》，《会语正集》，第145页。

第四节　"大明万世"的社会和谐治理思想

1."恒顺于民"的为政思想

"恒顺于民"的为政思想,是李贽在王艮"以天下治天下"思想基础上进一步提出来的。李贽认为,统治者要治理好天下国家,就应该心中装着百姓疾苦和人民生计,顺民心、合民意、遂民欲,让天下百姓都能过上幸福的生活。如此,才能获得黎民百姓的拥护和爱戴,天下才会太平。

李贽反对"以己治人",主张"以人治人"。他的"以己治人",指的是统治阶级按照自己的意志,采取强制手段对人民实行专制式的统治;而"以人治人",就是提出应由人民自己管理自己,实行人民自治。他认为,如果实行真正的人民自治,"则条教禁约,皆不必用"①;反之,"若欲有以止之而不能听其自治,是伐之也"。为此,他把"以人治人"的人民民主式的自治,称之为"至人之治",言下之意很明白,统治者行"君子之治"式的违反人性的专制手段,是得不到人民群众拥护和支持的;而如果行"至人之治"做到"恒顺于民",才会得到广大民众的拥护和支持。这就是两种不同的治国之道即专制政治与民主政治所造成的不同结果。李贽的这种思想主张,一反普通百姓必须绝对服从统治者的传统观念,要求统治者应顺应广大百姓的欲望要求,这对当时的封建统治来说绝对是一种"异端邪说"。

在李贽看来,天下本来就是天下人的天下,也应该是人人"各得其所"的天下,但"至人之治"是政治的极致,不可能轻易达到。现实世界之所以是"天下之人不得所久之"②,其原因就在于贪暴者用暴力手段骚扰百姓和所谓的"仁者"用所谓"德礼、政刑"束缚了民众。因此,李贽提出统治者要做到"顺民之所欲",说圣人治理天下就是顺应百姓要求,而只是顺应百姓要求天下才可

① 《焚书》,《明灯道古录下》。
② 《焚书》,《答耿中丞》。

能安定有序。使天下的百姓,各自满足自己的生活需求,各自获得自己想要的东西,如果这样做了还有人没有归正之心的话,是不会有的事!

李贽从"穿衣吃饭即是人伦物理"的思想基点出发,认为统治者应该注重发展经济,满足百姓日用的需求。他对"君子喻于义,小人喻于利"、"正其义不谋其利,明其道不计其功"等理学说教极为反感,一针见血地指出,所谓儒者空谈性命之学,根本不关心百姓生计,不去注重功利、理财和经济发展,如此怎么可能治国平天下? 民以食为天,这是古代圣明的帝王非常重视的问题。由此可见,李贽实际上是把斗争矛头直接指向了皇帝这个封建最高统治者。为进一步说明发展经济的重要作用,李贽特地在《藏书》中专门开辟"富国名臣"一栏,高度赞扬历史上的李悝、吴起、桑弘羊、杨炎及当时的张居正等人的经济才干和政绩。他对张居正特别称赞,称其为"宰相之杰"。尽管张居正曾严厉镇压讲学活动,还杀害了李贽极为称道的学派重要人物何心隐,但因为张居正推行"一条鞭法"使明朝社会经济得到发展,李贽出以公心还是对他给予了高度评价,同时肯定了商品市场竞争的合理性,提出了商业竞争符合天道的思想。

李贽不仅是一个思想家,更是一个实践家。在云南姚安府任上,他追求"恒顺于民"的"至人之治",做出了显著业绩,《姚安县志》中记载:"温陵先生为姚安府且三年,大治"。光绪《姚州志》列李贽于"名宦"行列,退休启程回乡时,随身财物仅包中几卷图书,姚安人民夹道相送,以至车马无法前行。可以说,李贽以"恒顺于民"的为政理念,提出"至人之治"的民主政治思想,认为其根本保证就在于发展经济作为基础。作为生活在封建专制时代的人,李贽能够精准地看到这一点,实在是难能可贵的!

2. "孝悌为本"的治国理念

"孝"是中华民族的传统美德之一,也是儒家伦理道德的核心内容。孔子认为,孝悌之道是所有德行的根本,也是一切道德教化产生的源头,《孝经》指出了孝子侍奉父母亲的行为:一是平常要有恭敬之心,无微不至地关怀照顾饮食起居;二是供养时必须尽可能地使父母心情愉快;三是父母生病要感到忧虑并及时送医治疗;四是父母不幸去世要感到哀伤并遵礼处理后事;五是祭祀时必须以庄严的心理回忆亲人的音容笑貌并为晚辈们讲述其仪范德行。这五个方面都能做到，才能算是真正的事亲。可见，孔子是把"孝"作为社会教化的重要手段来看待的。到了汉代，"孝"的内涵从道德伦理上升到了政治伦理的范畴，对父（母）的"孝"必然地上升到对"天子"的"孝"。借助于这种所谓"孝道"，封建统治者牢牢地确立了其政治权威不可亵渎的神圣性。这种政治伦理发展到了极端，就是"君要臣死臣不得不死，父要子亡子不得不亡"了。在数千年的人类历史长河里，统治者往往可以为所欲为，而普通的人们只能服从和听命于他们的摆布，甚至有无数的忠臣孝子为此付出了生命的代价，其思想基础就是这种政治化了的伦理观。

王艮认为，"尧舜之道，孝悌而已"①。意思是说，尧舜治理国家的方法，是讲究孝悌之道。言下之意，统治者治理国家的前提，自己必须就是一个尧舜式的贤明君主。如此，王艮一下子就把孝悌之道上升到统治者要行"德政"的思想高度。王艮继承孔子"孝"的思想，认为孝是人之本性，是国家的元气，说"盖孝者，人之性也，天之命也，国家之元气也"②。但王艮倡导的"孝"并非统治者的政治伦理，他反对人的"愚孝"，主张事亲从兄要有一定的准则。子弟对于父兄的"所命"、"所为"要正确判断，不可盲从。如果是错误的，就要加以纠正。如果因为盲目听从而使父兄陷于不义之境的话，做子弟的是有责任的，而且会于心不安。古代圣贤明君尧舜的所作所为，都是遵循的这一原则。王艮的这一论述，不仅指出了"事亲从兄"是有准则的，而且把"孝亲"引申到"孝君"上去了，言外之意就是如果君主违反了准则犯了错误，臣民也是可以去纠正的。他的这种"本有其则"的思想，说的是以"孝"为"准则"治理国家，颇有些"依规则治国"的味道。而实际生活中，王艮对父亲非常孝敬，但又不是唯父命是从。《年谱》中记载了他说服父亲将张网捕获的大雁放飞自然的生动故事：王父守庵公常在河边树林旁张网捕鸟，每日能有 10 多只的收获，王艮耐心给父亲讲解保护鸟类、保护生命、珍爱生命的道理，使得守庵公心服

① 《王心斋全集》，卷二《与南都诸友》，第 50 页。
② 《王心斋全集》，卷二《与南都诸友》，第 51 页。

口服,接受了他的建议,将其网烧掉,把捉到的鸟儿放归自然。通过这件事,王艮悟到,如果犯错的是君主,事情就没有那么简单。对君主的进谏要区别情况进行,王艮认为在封建官场上为君主做事有三种情况要注意:君主有可以讽刺和不可以讽刺的,君主有可以进谏和不可以进谏的,君主有可以冒犯和不可以冒犯的。如果君主的头脑顽固,是不能与之做事的。他认为为了所谓的"孝"而失去生命,是没有智慧的愚蠢行为。所以,他对"殷末三仁"的评价是:"微子之去,知几保身,上也;箕子之为奴,庶几免于死,故次之;比干执死谏以自决,故又次之。"①由此,王艮否定了一个人应当对封建统治阶级甚至皇帝绝对服从的"愚忠愚孝"行为,说如果一个人只知道去爱他人而不能爱惜自己的生命,必然会导致被烹身、割股、舍生、杀身等的情况,这样生命就不能得到保障。这是忘记根本而追求细枝末节的人的做法,是不对的,只有保住了"身",才会有"出、处、进、退"的根本。但保身又不是消极避世,而是要掌握和创造自己的命运,有为于天下。王艮认为个体的存在优先于社会的存在,将人的个体生命价值张扬到前所未有的思想高度。

王艮倡导的"孝"实际上已成为一个评判标准、一个衡量标准,任何一个人只要讲究孝悌之道,都可以被选拔成为管理国家的一员。他认为,朝廷选拔官吏,应以孝德为先。他的国家治理的完美境界是"上下皆趋于孝",这里很重要的一点是说君主和臣民都要遵行孝道。如此一来,王艮就把传统"孝"思想中子对父、臣对君等的单向度要求,变成了"父子"、"君臣"之间平等的共同执守的双向度要求了,这在封建社会来说简直就是冒天下之大不韪。对此,德国学者余蓓荷指出:"王艮的孝是一个富有活力的德性。这就是说,由孝可以导致变化。实现一个天下大治的局面,先决条件是每一个人都得成为一个能负起公众职责的君子……所以他认为孝是实现这个道的枢纽。"②这个分析真是入木三分,十分精到。事实上,王艮"孝悌之道"的终极指向,就是为了建设一个"人人君子,比屋可封"的德治社会。正因为他的这种赤子之心和

---

① 《王心斋全集》,卷一《语录》,第12页。

② 《泰州学派学术讨论会纪念论文集》,《论王艮思想中孝的观念》,第34—35页。

民本思想、民主思想、平等思想，对《孝经》中"谏诤章第十五"的"谏诤"进行解读时，才会大胆提出如果"君"不仁则"易位"的惊世骇论。这就是王艮"以孝悌为本"即依规则治理国家思想的最闪耀之处，也是对中国传统"孝"思想的颠覆和创新。

3."以天下治天下"的社会治理方式

传统的中华文明是建立在自然经济基础上的农业文明。在这样的文明形态中，人们必须依靠集体的力量才能对抗天灾人祸。这个集体最基本的单位，就是一个以血缘关系为纽带而结成的家庭；几个家庭结盟而成一个力量较大的家族整体……以此类推下去，最大的集体就是"国"。而"国"，就是扩大了的"家"。因此，中国人历来就把家和国统一在一起，形成"家国"的理念。《大学》中所说"修身、齐家、治国、平天下"，呈现的就是中国人这种理解世界的方式，也成为中国人长期以来的政治抱负。国家兴亡，匹夫有责，中华民族在整体上的空前团结统一和延绵不绝，正是这种中国式"天下观"文化形成的民族凝聚力和向心力的体现。

既然"家"与"国"一体，那么家是小国，国是大家。如此，一家之中，以父为尊，妻儿唯父命是从；一族之中，则以族长为尊，族人唯族长之命是从；一国之中，唯国君之命是从。于是，这种基于血缘关系和亲情伦理而形成的家国同构格局，被扩展到社会政治领域后就容易出现侵害个体或家庭利益的事情。而事实上，秦汉以后中国社会的"家天下"之下，封建帝王把自己当作大家长，臣民对其只能绝对服从，否则就会遭到镇压。《尚书·大禹谟》中，提出中国传统文化的"十六字心传"要求："人心惟危，道心惟微。惟精惟一，允执厥中"，就是说，人心（欲望之心）是危险难测的，而道心（天地自然之心）是微妙而难以明白的。所以（帝王）治理天下国家在于从细节做起，一心一意地秉持中正之道，公平公正，不能有任何的偏私，这样才能使天下人信服。

王艮认为人的本性是善，说"盖善，固性也；恶非善也，气质也。变其气质，则性善矣。……故言学不言气质，以学能变化气质也"①。王艮把人性分

---

① 《王心斋全集》，卷一《语录》，第39页。

为"天地之性"和"气质之性",认为通过学习可以去掉"气质之性"而恢复"天地之性"。他主张统治者要顺适百姓的自然之性(即天命之性)要求,主张"出则为帝者师","处则必为天下万世师",而且把"出不为帝者师"称之为"失本"。王艮所说的"道",就是"百姓日用即道"。如果你的"出"不能为"帝者师",就不能使其"尊信吾道"。故而,你"出则必使是君为尧舜之君,使是民为尧舜之民"。从上述理论基点出发,王艮得出了治理天下的结论,这就是:"为人君者,体天地好生之心,布先王仁民之政,依人心简易之理,因祖宗正大之规,象天下自然之势,以天下治天下,斯沛然矣!"[①]

"以天下治天下",前提是天下必须有一个贤明的君主。然而,国家治理的最大问题,往往就在于统治者的无法无天、任意妄为。而天下应是天下人的天下,应该由天下人来共同治理!在《与南都诸友》一文中,王艮提出了统治者应改变以才艺选拔人才的方法,应该以一个人的德行进行量才录用,并设计了具体的操作办法:选取天底下有孝德孝行的人,安排到高的官位上去参与国家治理之事——第一个月,发布广告,录取天下有孝德孝行的人,不问他是富贵贫贱还是聪明愚笨之人;第二个月,公布他在部门的官位次序;第三个月,把官爵和俸禄颁赏给他;第四个月,任用他处理官府的事情;第五个月,公布向司徒推荐的人员名单;第六个月,公布选取到朝廷任职的官员,天子拜谢后任用,进而公告天下。他认为这个办法,是治理国家的"至简至易之道"。从王艮开的这个治国之策中,我们可以看到,治理国家应该"无择其贵贱贤愚",只要你是一个守"孝"德的人,都可以"立乎高位"而"登之天府"。这样的观点,实质是提出了所有人都可以参与国家政治的思想。尽管王艮的这一思想观点在当时社会是不可能实现的,但是在封建专制思想笼盖一切、人性被深深压抑的情况下,他的这一呼唤民主的"高论"振聋发聩,无疑具有极高的启蒙主义价值与思想解放意义。对此,日本学者岛田虔次在《中国近代思维的挫折》一文中指出:"我们直接体会到的是这种不同寻常的传道热情和不拘泥于士大夫'格套'的直率的理解和言行。心斋对多次使阳明自身及其弟子

---

① 《王心斋全集》,卷二《王道论》,第66页。

们感到危惧的讲学,抱有非同寻常的、直率的热情和信念(后来这也是所谓泰州学派,特别是颜山农、何心隐一派的共同特征)。这种直率性与其学说的内容相辅相成,渐渐显现出一种社会性精神运动的状态。这种社会性的精神运动,后来发展到对社会的安宁产生威胁。"是啊,天下不是某一家的天下,而是天下人的天下,所以应当"以天下治天下"。尽管王艮这一民主思想的提出没有像西方启蒙思想家伏尔泰、卢梭等人那样形成完整的体系,却比他们早了二百多年。因此,王艮无愧于"中国早期启蒙思潮的先驱"这一高度评价。

4.“比屋可封”的理想社会追求

王艮在《鳅鳝赋》中,借道人之名写了一首诗,表明所追求的理想社会是"天人和"的尧舜式社会。这也是王艮效法孔子教化天下并提出"大人造命"的根本原因。王艮认为,孔子在春秋时期尽管没有遇到贤明的君主,但他并未屈从于命运的安排,而是选择了一条"周流天下"通过教育救国救民的道路,勇敢地对这个世界做出改变,所以他要像孔子一样去当"救世主"。这既是他在孔庙"瞻拜感激"的重要原因,也是其后"托天之梦"形成的根本原因。而拜师王阳明后的北上讲学活动、学术上的"自立门户"以及为地方官进行的"均分草荡"等实践,都是他为改变社会面貌所做出的不懈努力。王艮认为,在乱世之中一定要像孔子那样懂得出处进退之道,认为孔子知道生命是一个人的根本,所以他可以做官的时候就做官,可以停歇的时候就停歇,可以久居的时候就久居,可以速去的时候立即速去,这都是时机把握得恰到好处。他告诉大家,山梁上的那些识时务的野鸡,是因为没有危险之后才飞来聚集到一起的。在他看来,在当时的社会里,"出为帝者师","飞龙在天"实现"上治",是根本不可能的;而"处为天下万世师","见龙在田"教化百姓以达到"下治",就是为实现理想社会尽自己的一分力量。所以,他对孔子"处"的行为十分称道,说:"孔子说:学生们,你们以为我对你们有什么隐瞒的吗?没有。我没有什么事不是和你们一起干的。我孔丘就是这样的人。我只是发愤学习从不满足,教导学生不知疲倦,如果能够达到中与和这两种境界,那么天地都会安居正位,万物也都可以顺遂生长,这就是做到了如同尧舜一样的事业。这是最简单最容易的方法,把天下的治理看作如同做家常事务一样,随时随

以

地的手脚做个不停，所以孔子是做得最好的人。"

王艮把自己的学说称为"大成学"，只传给他认为的可传之人。在《大成学歌寄罗念庵》一文中，他对自己的教育活动这样描述："我将大成学印证，随言随悟随时跻。只此心中便是圣，说此与人便是师。……常将中正觉斯人，便是当时大成圣。自此以往又何如？清风明月同高歌。同得斯人说斯道，大明万世还多多。""大明"一词，出自《易经·乾卦·爻辞》中，"象曰：大哉乾元，万物之始，乃统灭。云行雨施，器物统行。大明终始，六位时成……"这里，王艮所说的"大明"是指"尧舜之治"式的理想社会，并非具体指明代这个特定的封建王朝。

在《王道论》中，王艮根据当时社会食之者众生之者寡的状况，要求统治者要重德轻刑，施行仁政；予民教养，让民参政；均分土地，使民乐业。他把国家得不到有效治理的责任归咎于统治者，要求统治者要像尧舜那样以德治国。他特别给统治者立"絜矩"说，公开申明个人是"本"，天下国家只是"末"，自身之"矩"正了，才能去正"方"，才能"其身正，天下归之"。他一生坚持把讲学传道作为"处则必为天下万世师"的"尧舜事业"，以"愚夫愚妇皆知所以为学"为讲学对象，追求实现心中"人人君子、比屋可封"的社会理想，所以后学称道他为"海东夫之"、"在田真龙"。有人认为，王艮的教育理念是通过人人都能成圣的教育，服务统治阶级的专制需要，这种说法既不客观，也不全面。事实上，泰州学派的教育目的，是要使社会上的每一个人都能成圣，这其中自然包括统治者首先要成圣，以达到社会的安定有序，确保国家的长治久安。所以，泰州学派诸贤选择的是一条根本不同于传统士人通过仕途来服务国家的路径——既与朝廷保持距离，但又不是袖手旁观的以社会德化为主要方法的服务途径。王艮认为应该像孔子那样，做到即使不入朝廷，也可以通过自己的努力教化民众成就"尧舜事业"。对此，钱穆先生曾深刻指出："宋明新儒家热心讲学的目的，固在开发民智，陶育人才。而其最终目的，则仍在改进政治，创造理想的世界。"[①]

----

① 钱穆：《国史大纲》（下册），商务印书馆1994年版。

第五章　永不熄灭的思想火炬

作为明代中晚期最为活跃的思想流派之一,泰州学派是历代思想史家在论及王阳明心学七派时给予特别关注的最为独特的一支。黄宗羲在《明儒学案》中特意设立"泰州学案",用了大量的篇幅进行介绍并做了总体评价,足以说明泰州学派在王学和明代思想史上的地位、影响。对泰州学派的历史地位和思想影响的评价,后世贤者从不同的思想角度见仁见智,做了一定阐发。

第一节　泰州学派的历史地位

对一个人或一个学派的评价,关涉到多方面的因素。不同时代条件下,社会政治、经济、文化环境等的影响都是非常重要的方面,而评价者学识、修养水平以及评价角度等的不同,都会产生不同的认知结果。事实上,在对王艮和泰州学派的评价上,因为政治因素、文化意识的大环境影响,不同的人们会得出不同的结论,有些评价因为历史的局限性,眼界还不够宽,评价还不够,有些还有值得商榷之处。因此,在今天探讨泰州学派的历史地位,将有助于人们更好地认识以王艮为代表的泰州学派思想家对明代社会的诸多历史贡献以及他们在中国思想史上的作用。

1. 在中国哲学史上的地位

明末清初大思想家、有"清初三夫子"之誉的黄宗羲在《明儒学案》中,专列《泰州学案》,从卷三十二到卷三十六,比较详细地对泰州学派人物及其思想做了介绍。在"卷首语"中,黄宗羲这样说道:"阳明先生之学,有泰州、龙溪而风行天下,亦因泰州、龙溪而渐失其传。泰州、龙溪时时不满其师说,益启瞿昙之秘而归之师,盖跻阳明而为禅矣。然龙溪之后,力量无过于龙溪者,又得江右为之救正,故不至十分决裂。泰州之后,其人多能以赤手搏龙蛇,传至颜山农、何心隐一派,遂复非名教之所能羁络矣。顾端文曰:'心隐辈坐在利欲胶漆盆中,所以能鼓动得人,只缘他一种聪明,亦自有不可到处。'羲以为非其聪明,正其学术也。所谓祖师禅者,以作用见性。诸公掀翻天地,前不见有古人,后不见有来者。释氏一棒一喝,当机横行,放下拄杖,便如愚人一般。诸公赤身担当,无有放下时节,故其害如是。"这一段话,可以说是学界长期以来在对王艮和泰州学派评价时引用得最多的。"泰州",即指泰州学派创始人王艮。在这一段话中,对泰州学派在阳明心学中的地位和影响作了全面的评价,既有正面的"风行天下"、"赤身担当"等,也有负面的"渐失其传"、"故其害如是"等。在这里,我们先不去探讨作为王学修正派的黄宗羲当时所持的思想立场,因为他在学案编撰中甚至把泰州学派最重要的代表性人物李贽都排除在外,这也可能正是后世对学案有微议的地方。正如台湾地区学者张琏在《从流行价值论王艮思想的历史评价》一文中,引用容肇祖在 1941 年出版的《明代思想史》以及 1992 年出版的《中国历代思想史.明卷》中对王艮思想的评价说:"容氏也提出王艮注重后天学习与实际经验的理论,并认为王艮思想具有'异端'性与平民性格,而这种反传统的性格,受到王学正宗如黄宗羲等的批评是必然的。"而在匡亚明先生主编的《中国思想家评传丛书》中龚杰先生所著的《王艮评传》中,对黄宗羲把李贽未列入学案进行了深入的分析:"至于黄宗羲未把李贽列入泰州学派,是有他的苦衷的。就在黄宗羲写成《明夷待访录》的康熙二年(1663 年),发生了清初的一起文字狱,即孙奇逢所撰《甲申大难录》案。该书辑录了明崇祯十七年(甲申,1644 年)李自成攻克北京时的明代亡臣,山东济宁知州将书稿刊印出版。是年,事被告发,说它是纪念亡明的书籍。济宁知州被捕,孙奇逢也被传审,押往北京。此事与黄宗羲没有牵连,但此后他便放弃政治活动,专心学术研究。《明儒学案》就是在这种背景下写成的,自然不能为李贽这样的'异端'人物立传。"龚杰先生的这段叙述或是道出了黄宗羲书中未列李贽的隐情。我们从黄宗羲对王艮及泰州学派的这一段评价中,完全可以感受到他对王艮及其后继者们在张大王学过程中所处的显要历史地位、所起到的重大历史作用的高度肯定,有褒有贬,而以褒为主。而在其后的思想界,对泰州学派的评价可以说是基本遵循了这一基调。取几例为要:

民国时期的 1934 年,嵇文甫先生撰写了由开明书店出版的《左派王学》一书。就泰州学派在中国哲学史上的历史地位问题,他在书中指出:"王龙溪与王心斋是王学左派的两大领袖,黄犁州说'阳明先生之学,有泰州、龙溪而风行天下,亦因泰州、龙溪而渐失其传。泰州、龙溪时时不满其师说,益启瞿昙之秘而归之师,盖跻阳明而为禅矣'。禅不禅姑不必论,但龙溪心斋时时越过师说,向狂者路发展,形成王学的左翼,并且以使徒般精神到处传播阳明的教义,热情鼓舞,四方风动,这倒是实在的。不管后来学者对于他们怎样的排挤,但他们在王学总占有极高的地位。"①这段话比黄宗羲对泰州学派在王学中所处的地位说得更为直白。而在对以王艮、王龙溪为代表的左派王学在当时所面对的所谓正统思想界的批判,他在第五部分"左派王学的历史评价"中指出:"当万历年间,左派王学风靡一世,其诸大领袖直被推崇为圣人。但同时反动四起,视同洪水猛兽。不久而这个学派竟被打得销声匿迹。在理学宗传《明儒学案》一类王学修正派的著作中,这班学者只演些不重要的角色而已。现在时过境迁,我们平心静气,推寻当时思想界的大势,觉得对于左派王学有重新估价的必要。我们应该从这个学派的特殊精神上,从其对于前后思想界的关系上,从其所以盛兴所以衰的历史过程上,判定其中国近古思想史上的地位。主观的褒扬或贬斥,都是大可不必的。我们首先应该知道,左派

---

① 《左派王学》,第 18 页。

王学出现的时候,正是个道学革新时代,正是个思想解放时代。这种革新和解放的潮流,从白沙发端,及阳明而大盛,至左派王学而达到极点。以阳明较白沙,则阳明更为大胆;以左派王学较阳明,则左派王学未免过激。但是就时代潮流上说,真正能继承白沙者,当推不大提出白沙的阳明。真正能继承阳明者,当推时时越过阳明藩篱的王学左派。"①嵇文甫先生认为,王艮"是阳明门下最奇怪的一个人物……看他热心经世处,和龙溪没有两样,这正是从阳明万物一体的思想一脉演来。王学的狂者精神,他表现得最显著。在他领导下的泰州学派,把这种精神充分发挥,形成王学的极左派"。"泰州学派是王学的极左派,王学的自由解放精神,到泰州学派才发挥极致。这个学派由王心斋发其端,中经徐波石颜山农何心隐罗近溪周海门陶石篑等等发扬光大,一代一代胜似一代。"②

钱穆先生在1937年由商务印书馆出版的《中国近三百年学术史》中,肯定王艮学说是"王学唯一的真传"。在1937年由台北学生出版社出版的《宋明理学概述》中,他指出:"守仁的良知学,本来可以说是一种社会大众的哲学。但真落到社会大众的手里,自然和在士大夫阶层中不同。但从这一点上讲,我们应该认泰州一派为王学惟一的真传。"

任继愈先生主编的《中国哲学史》第三册第十三章的标题为"王艮和泰州学派的唯心主义反动实质",这也是任先生对给王艮和泰州学派的历史地位与社会作用的一家之言。在具体内容中,还有多个结论性的评价,如"以王艮为首的泰州学派,把王守仁的主观唯心主义哲学进行了更广泛的传播,从知识分子到劳动者都有泰州学派的门徒。泰州学派沿着王守仁的主观唯心主义哲学向更彻底的方向发展。有人以为这一学派是王守仁学派的'左派',其实他是把王守仁的学说更向右发展了,它的社会作用也是消极的"③。在第三节的"泰州学派的发展"内容中,他说:"泰州学派开创自王艮,是王守仁主观唯心主义哲学的一支,黄宗羲《明儒学案》里有《泰州学案》。泰州学派的传授

---

① 《左派王学》,第82—83页。
② 《左派王学》,第44页。
③ 任继愈:《中国哲学史》(第三册),人民出版社1964年版,第355页。

对象比较复杂,有封建的上层分子,如徐樾等,也有封建社会的下层劳动人民。如果认清王艮的哲学思想的本质是为封建统治阶级服务的,我们就可以认识到泰州学派中,有些人的成分虽是劳动人民,但是他们致力于宣传封建统治阶级的说教,而不是为着劳动人民。这说明泰州学派中,无论是封建社会的上层分子还是下层劳动人民,他们的哲学思想,本质上都是反动的。"①此书于1964年10月出版第一版,1996年4月出版第二版。由于此书被作为高等学校教科书,印刷量和影响较大。而杨天石先生在其所著《泰州学派》一书中也认为:"泰州学派是奴才道德的鼓吹者","要人们浑浑噩噩地生活,高高兴兴地受剥削、受压迫","从主要的方面来看,泰州学派的社会作用是反动的"。② 可以说,任、杨二位先生此说,对王艮和泰州学派的历史评价所形成的负面社会影响是巨大的。也正因为如此,这种评价在社会上造成的争论也相当大,有相当多的学者对此说反复进行质疑。

与任先生同时期的侯外庐先生在1963年11月由中国青年出版社出版的《中国思想史纲》下册第一章"晚明进步社会思潮的流派及其特点"的"晚明进步思想的分派"一节中,指出"在晚明的思想领域内,可以看到有三种进步的哲学和社会思潮。首先出现的是泰州学派的异端思想,以王艮、何心隐、李贽等为其代表。这一学派在明代后期流传很广……他们的思想往往富有神秘主义色彩,其言论行动经常走出封建道德名教的规范,因而备受道学家以至泰州系统中前一类人物的攻击,如管志道就从卫道者的立场说:'浙东、淮南之脉,一再传而霸徒蠭起。'又说:'泰州,今理学中侠客也'(《从先维俗议》)。不仅如此,他们还被指控为'黄巾五斗'、'妖言惑众',最后遭到封建官府的迫害,如颜钧被充军,何心隐被杖杀,李贽则死于狱中"③。这一段话,肯定了泰州学派是晚明的一个具有进步思想的学派,而且指出了泰州学派之所以被迫害,在于他们的"言论行动经常走出封建名教的规范"。

1981年5月,由齐鲁书社出版,辛冠洁、丁健生、蒙登进担任主编,侯外

① 任继愈:《中国哲学史》(第三册),第363页。
② 杨天石:《泰州学派》,中华书局1980年版,第173页。
③ 侯外庐:《中国思想史纲》(下册),中国青年出版社1980年版,第8页。

庐、张岱年、任继愈、石峻、张恒寿担任顾问的《中国古代著名哲学家评传》的第三卷,收有"王艮"一章目,为黄宣民先生所撰。在"王艮及泰州学派的历史地位"一节中,他说:"关于王艮和泰州学派的评价,是个比较复杂的问题。历来众说纷纭,不乏仁智之见。当今中国学术界对该问题的讨论,主要在三方面的问题上有原则性分歧意见:(一)王艮是属于王守仁学派中的一派,还是独立于王学之外的新学派的开创者?(二)王艮是封建地主阶级的奴才,还是封建社会的叛逆者?(三)泰州学派在历史上是起反动作用的学派,还是起进步作用的学派?"对于这三个问题的回答,黄先生认为,其一王艮及其泰州学派"不属于王守仁学派",并从思想性格、思想内容和学风三个方面进行了论证;其二认为"他们不仅不是封建奴才,而且是'赤手以搏龙蛇'者。他们要去'掀翻天地',向封建统治阶级的权威挑战",并指出"我们在评价整个学派时,应分清主次,以偏概全,未免失当";其三认为"泰州学派是中国封建社会中第一个具有平民色彩的学派。这个学派的兴起,和当时由于资本主义萌芽的出现而造成封建关系某种松弛的社会状况有一定联系。它的一些有代表性的思想观点,就是这社会存在的反映"[①]。这一段结论,既对泰州学派的评价存有的意见分歧做了概括,又对泰州学派在中国哲学史上的地位做了肯定性的回答。

2. 在中国启蒙思想史上的地位

泰州学派是中国封建社会后期的第一个启蒙学派,也是中国历史中第一个真正意义上的思想启蒙学派。以王艮为首的泰州学派,大胆突破封建礼教和程朱理学的思想束缚,在晚明掀起了人文主义的文艺启蒙思潮和科学主义的科学启蒙思潮,对明末清初以及近现代的启蒙运动都产生了重大而深远的影响。

当代中国历史学家、思想家、教育家侯外庐先生指出:"泰州学派是中国封建制社会后期的第一个启蒙学派。它在理论上对于以道学为代表的封建

---

① 辛冠洁、丁健生、蒙登进等主编:《中国古代著名哲学家评传》,齐鲁书社 1980 年版,第 41—45 页。

正宗思想的批判,本体可以归结为下列三点:第一,否认道学所捏造的人性的先天差别,主张百姓与所谓'圣贤'并无根本,从而反对了封建主义的品级存在的虚构及其现实的等级特权制度。第二,肯定人民由于生活需要而提出的物质欲望,认为饮食男女等'人欲'就是天性,驳斥了道学的禁欲主义。这种包含着平等思想的观点,代表着封建社会后期城市市民的要求,是当时历史条件下资本主义萌芽在意识形态上的曲折反映。第三,否认儒家经传的神圣性,强调经传只是'印证吾心'的,甚至认为经传'何足用'。这种大胆怀疑经传,提倡独立思考的精神,具有思想解放的积极意义。"①

当代著名教育家、史学家、哲学家嵇文甫先生指出:"中国社会向来以家族制度或宗法制度为一切伦理道德的中心,一出家便什么纲常名教都抛弃了。佛教在中国所以被一般士大夫斥为异端者,其主因即由于此。但左派诸人是不拘守儒家门户的,是不顾士大夫礼貌规格的。他们冲破宗法制度的藩篱,作一个江湖侠客,游方道人,急急惶惶,以朋友为性命。何心隐死,至开程后台之棺而合葬焉。这种怪诞行为,使阳明见之,岂止'攒眉',恐怕还要顿足。阳明当初不过想对于一般士大夫打一吗啡针,使他们兴奋兴奋,哪料到有些人竟疯狂起来,和下层社会搅着一团,变得不成士大夫了。这是王学发展的极端,也就是明代思想解放运动发展的极端。当时士大夫目视这种危机,不敢再解放下去了。他们举起打倒'狂禅',以遏止左倾的潮流。他们有的只说左派诸人背叛了阳明的宗旨;有的推原祸始,直归于阳明,竟想把程朱的死灰复燃起来;有的简直根本反对聚徒讲学了。及清朝的统治逐渐稳定,中国民众的一切反抗企图俱告失败。在极严重的钳制压迫之下,这种左倾的危险思想更不易存在。加以清政府用种种牢笼手段,使天下英雄尽入彀中,于是……像左派王学那样活泼生动自由不羁的精神再不复见了。大抵左派王学的历史地位,颇有些像欧洲宗教改革时代的许多'异端',他们都受社会下层的影响,都富于自由思想,富于反抗精神,却也都不免有些怪诞,而又都

---

① 侯外庐:《中国思想史纲》(下册),第17页。

只是为后来统治者作驱除,旋被镇压下去。"①

著名历史学家、教育家翦伯赞先生在《中国史纲要》中对以王艮、颜钧、梁汝元、李贽等为代表的王学左派给予高度评价,认为泰州学派不仅对程朱理学更加反对,而且对君主专制政体和封建礼教也给予尖锐的抨击。赞扬王艮等比较接近人民,同情人民,他们的学说已经多少改变了原来巩固封建统治的性质。

当代著名学者、思想史家黄宣民先生认为:"泰州学派的中心思想是功利主义。王艮的'百姓日用之道'和'尊身立本'之学,实质上是在'无欲'论外衣掩盖下的功利主义。因此,泰州后学根据他的'立本之旨'逐渐发展成为有欲论和功利主义的公开倡导者。这种有欲论、功利主义是和封建理学家所谓'存天理,去人欲'的反动说教尖锐对立的。在出现资本主义萌芽的历史条件下,这种思想具有启发人们反对封建专制主义的进步作用。这是肯定的。"②在《王艮与泰州学派·序》中,他又说:"泰州学派是明代中叶崛起于民间的一个儒学派别。有人称之为王学左派,也有人称之为民间儒学派,我们称之为平民儒学派。"

著名史学家白寿彝先生在《中国通史》中说:"泰州学派,是我国学术史上第一个具有早期启蒙色彩的学派。王艮开创的泰州学派,是明代思想史上的一个重要学派,也是明末具有强烈'异端'色彩的派别。这个学派与王守仁的'良知'说关系很深,基本上以陆王心学作为它的道德伦理思想和社会政治学说的理论基础,但是它又自成体系,独树一帜,具有明显的叛逆精神。"王艮"所创建的富有平民色彩的理论,虽不能摧垮专制的封建统治,亦无力冲决封建伦理纲常的藩篱,但是他的闪烁着启蒙色彩的理论,他以'万世师'自命的'狂者'风格和鼓动家、传道者的热忱,以及从事平民教育、传道讲学而终身不入仕途的'气骨',却深得下层百姓的拥护,而且成为泰州学派的思想传统"。

著名哲学家、哲学史家张岱年先生在《王艮与泰州学派·序》中认为:"泰

---

① 《左派王学》,第99—101页。
② 《中国古代著名哲学家评传》,第46页。

州学派是明代后期的一个独特学派。泰州学派创始人王艮出身平民,是一个平民思想家。"在《中国哲学史纲》中他又说:"王艮的门人所谓泰州学派,尤勇于任事,依其良知,敢作敢为。此派流弊则是狂放空疏。一切都不研究,只凭意见。这些王学左派又多好禅学,结果流为狂禅。"

逻辑学家、哲学家、教育学家汪奠基先生在《中国逻辑思想史》中说:"李贽和王艮都是所谓'王学'的左派。他们站在农民阶级的立场反对盲目'愿学孔子而不问是非'的虚伪传统,认为'百姓日用即道',真理就在现实生活的认识中。"

哲学家肖萐父、李锦全主编的《中国哲学史》认为:泰州学派"闪烁着主体功能性的思想光辉"。

龚杰先生在《王艮评传》中指出:"泰州学派作为反映农民和手工业者利益的心学一支,是心学通向实学的一种过渡的思想形态。"[①]"泰州学派注重解决社会实际问题,如在盐场致力于均分草荡,在灾区高潮赈济灾民,在'愚夫愚妇'中兴办教育,在读书人中劝诫放弃误人的科举考试等等。他们所做的一切基本上都是为了'市井小夫',即农民和手工业者的利益,但这种务实精神正与实学家的'经世之学'相衔接。"[②]

日本学者小野和子在《亚洲的胎动》一文中指出:"泰州学派是亚洲觉醒的第一阶段。"

日本学者森纪子在《盐场的泰州学派》一文中认为:"在盐场的舞台上所形成的泰州学派及其始祖王心斋,却在思想史上,特别是在王阳明——泰州学派——李卓吾'良知说'的体系中处于的中心地位。那个引人瞩目的'格物说'的发展,正是'良知'(王阳明)——'身'(王心斋)——'家'(何心隐)的模式的思考的结果。被称之为'王学左派'。即泰州学派的学者们不仅评价了'资本主义萌芽'时期的上层建筑中那个欲望肯定倾向问题,而且指出那个历史背景下产生的'金融经济、商品经济活跃'的常情。"[③]

---

① 龚杰:《王艮评传》,南京大学出版社 2001 年版,第 302 页。

② 龚杰:《王艮评传》,南京大学出版社 2001 年版,第 305 页。

③ 《泰州学派学术讨论会纪念论文集》,第 47 页。

美国学者迪百瑞在《西方学者论王艮》一文中指出:"泰州学派的生命力表现在它所产生的一广泛系列的思想家与人物之中。……某些中国与日本的学者也认为它是16世纪中国土生土长的走向近代化的力量的一个真正的希望。"①

3. 在中国教育文化史上的地位

泰州学派从创始人王艮开始,就从"位天地,育万物"的高度来看待教育事业,把它看作"经世之业",是"尧舜事业",主张通过教育提高广大百姓和执政者的道德觉悟及行为能力,进而使社会得到有效的治理,这在中国历史上是极为罕见的。学派诸贤继承和发扬孔子"有教无类"的优良教育传统,讲学范围遍及十数省,受教育者不计其数,即使盐丁、农夫、樵子、佣工、商贩、戍卒、胥役都来听讲,从而使教育真正实现了平民化,开创了中国一代平民化教学之风。因此,就其在教育文化领域产生的影响而言,泰州学派的地位可以说是空前绝后。泰州学派创始人王艮尽管是王阳明的学生,然"门徒之盛与畿相符"②。王阳明"弟子遍天下,率都有爵位有气势",但"艮以布衣抗其间,声名反出诸弟子上"。③

王栋认为:"孔门弟子三千,而身通六艺者才七十二,其余皆无知鄙夫耳。至秦灭学,汉兴,惟记诵古人遗经者,起为经师,更相授受,于是指此学为经生文士之业,而千古圣人与人人共明共成之学遂泯没而不传矣。天生我师,崛起海滨,慨然独悟,直超孔、孟,直指人心,然后愚夫俗子,不识一字之人,皆知自性自灵、自完自足,不假闻见、不烦口耳,而二千年不传之消息,一朝复明。先师之功,可谓天高地厚矣。"④

嵇文甫先生在《左派王学》一书中总结王艮的"讲学大旨",主要有"乐学主义"和"淮南格物说"。他特别指出王艮的"淮南格物说"中"尊身"的意义:"但他这个尊身主义,这个自我中心主义,却是很可注意的。他把身看得很

---

① 《泰州学派学术讨论会纪念论文集》,第29—30页。
② 《明史》,卷二八三《王畿传》,第7274页。
③ 《明史》,卷二八三《王艮传》,第7275页。
④ 《王心斋全集》,《会语正集》,第161—162页。

大,自尊、自信、赤身承当,以天下为己任。……他要做个顶天立地大丈夫,以一身撑持宇宙,岸然以师道自处,甚至君道自处。磊磊落落,一点婵婉媚世之习也没有。这才真是能尊身。他讲格物之'格'如格式之'格',殊有意味。他要以身为家国天下的'格式',换句话说,就是要以身作则。己身爱则一家爱,一国爱则天下皆爱。己身敬则一家敬,一国爱则天下皆敬。这不是以身为家国天下的格式吗?这不是以身作则吗?身为本而家国天下为末,家国天下是跟着身走的。行有不得者皆反求诸己,反己是格物的实功。这样讲法,个人地位特别重要。师天下以仁,师天下以义,'出为帝者师,处为天下万世师',看这样个人何等的伟大,这也表现出一种狂者的精神。"①他又说:"我觉得左派王学颇带些下层社会的气氛。随着当时社会革新和解放的潮流,王学日益左倾,既日与社会下层相接近。卻也,非有下层社会之推动,王学也不会左倾到那种程度。本来阳明学说比朱程容易接近下层社会。"②

陈来先生在《中国近世思想史研究》一书"晚明的民间儒学与民间宗教——颜山农的思想"中指出:"与王艮一样,颜山农比起一般王学之士在知识分子间辩论良知学的精微处不同,他们受'万物一体'观念的推动,有一种迫切和冲动,去把儒家观念落实到民间生活中去,化人心、成风俗。"又指出:"泰州学派的这种急切的救世心态,那种面向社会大众的实践形式,都与江右、浙中的士大夫王学有重大的区别。"③

任继愈先生在《中国哲学史》中,唯独对泰州学派王艮进行肯定的地方,就是在教育方面。他说:"王艮从事于教育工作多年,对于教育方法还是有一些经验的。他'于眉睫之间省觉人最多。谓百姓日用即道。虽僮仆往来动作处,指其不假安排者,以示之。闻者爽然'(《明儒学案》卷三十二)。这说明他能在教育人时联系当前听者的思想状态。"④黄宣民先生在《中国古代著名哲学家评传》中指出:"作为一个教育家,王艮特别注重平民教育。……王艮开

①　《左派王学》,第42页。
②　《左派王学》,第88—89页。
③　陈来:《中国近世思想史研究》,三联书店2010年版,第462—463页。
④　《中国哲学史》,第360页。

启的平民教育传统成为泰州学派的重要特色之一。在此之前,历史上还没有一个儒学学派能像泰州学派这样重视平民教育的。"

第二节 泰州学派的思想影响

泰州学派创始人王艮和学派诸贤到处讲学传道,因为思想主张顺应当时社会各阶层人士的愿望,讲学形式(课堂、讲会、乡会等)和讲学方法又适应听众的层次、口味,因而学术思想传播极为迅速和广泛,产生的影响力也不断扩大。应当说,由于王艮及其弟子们在全国各地的讲学传道,泰州学派的学术影响早已超越了地区范围,成为当时中国最大的一个民间平民儒学派。但是,由于泰州学派诸贤关注普通百姓,敢于突破传统儒家的思想规范,学术活动富有鲜明的战斗性,因而不少人由此惨遭封建专制统治者的迫害。李贽之后,泰州学派活动渐少,但其思想影响已深入人心,对明末清初乃至近现代的思想、政治、文化、教育、科学等方面的思想启蒙都有着巨大的影响。

1. 泰州学派在国内的思想影响

泰州学派对晚明社会的思想影响之巨大,已为不争之事实。泰州学派从王艮开始,经由徐樾、颜钧、王襞、王栋、何心隐,进而到李贽、汤显祖、"公安三袁"和徐光启等,在晚明社会掀起了一股声势浩大的思想启蒙思潮,是中国社会近现代社会思想解放运动的先声。

从地域范围的影响来说,泰州学派的学术思想传播不局限于泰州地区,而是以泰州为思想传播的中心极点,以长江流域为主要扩散地,辐射到全国十多个省份,甚至走出国门,传播到日本、韩国、朝鲜等东亚国家。泰州学派思想的受教育者难以计数,学派成员据清末民初东台人袁承业所撰《王心斋先生弟子师承表》的不完全记载来看,"上自师保公卿,中及疆吏司道牧令,下逮士庶樵陶农吏",有五传 487 人。其中,"以进士为达官者 36,以孝廉为官者18,以贡士为官者 23,以樵陶农吏为贤士入祀典者各一人,余以士庶入乡贤祠者不乏其人。然弟子中，载入《明史》者 20 余人，编入《明儒学案》者 30 余人"。按地区划分，"江西得 35 人，安徽 23 人，福建 9 人，浙江 10 人，湖南 7 人，湖北 11 人，山东 7 人，四川 3 人，北直（今河北）、河南、陕西、广东各 1 人，江苏本省百数十人。致明之行省所缺广西、云南、甘肃三省耳，且弟子中为三省之官者甚多"。而且王艮的不少弟子学成归去后在各地讲学传道，这些再传、多传的弟子情况是无法进行记载和收录的。

从思想领域的影响而言，泰州学派对晚明社会在政治、经济、文艺、科学、文化、教育等方面的影响是全方位的，辉煌的，为世人所称道的。陈梧桐主编的《中国文化通史》中这样说："泰州学派是源于王守仁心学的一个思想派别，在明代中后期产生了很大的社会影响。黄宗羲在《明儒学案·泰州学案》中评论说：'诸公掀翻天地，前不见古人，后不见来者。释氏一棒一喝，当机横行，放下柱杖便如愚人一般。诸公赤身担当，无有放下时节'，比较真实地反映了泰州学派背离儒学名教正统、独树一帜的学风。而这一学风的形成，又与泰州学派的创始人王艮的经历和思想有很大关联。这一学派最显著的特点，是具有浓郁的平民化色彩和狂者的品性，并注重自我价值的追求。因此这一学派在晚明大为流行。"①

泰州学派在哲学领域的贡献，当以王艮的"淮南格物论"最为盛名。"淮南格物"强调以一己之身为"矩"去"格"天下，从而正己而正人，反身而自修，明哲而保身。这种"修身"而"安天下"的思想，对儒家内圣外王思想是一个极大的深化与拓展。不仅如此，王艮从"身"是天地万物之"本"角度出发，提出"身"与天地万物一体的"以自然为宗"的生态哲学思想，实际上倡导了一种"以人为本"的理念。在王艮哲学思想基础上，王襞提出了"率性之谓道"的主张，把道学家们不可捉摸的"天理"之"道"变成了实现从人到自然、社会的"和谐"之"道"。

在政治领域的贡献，突出表现在倡导"百姓日用即道"的民本治国思想和忧民勤廉的德政思想方面。泰州学派从满足百姓日用需要的自然人性论出

---

① 陈梧桐主编：《中国文化通史》，中共中央党校出版社 2004 年版，第 223 页。

发,要求统治者养仁德、重仁教、施仁政、顺民心、遂民欲,反对其暴政和贪婪的行为;要求统治者以孝治天下,先德行而后文艺,维护和满足百姓愿望为根本要求;要求统治者尊重百姓的愿望和关切,以天下治天下。

在经济领域的贡献,体现在泰州学派从尊身立本论角度出发,强调务本节用,主张发展社会生产,以维护和满足农工商贾的权益。学派诸贤中,王艮因为经商有道而"家道日裕",颜钧因为"制欲非体仁"思想而遭到迫害,何心隐因为"聚和堂"理想社会而散尽全部家财,李贽因为倡导"人必有私"和商品市场竞争合理性等多种经济上的高论而被视为"异端"。

在科学领域的贡献,从王艮开始提出"即事是学,即事是道"的实学观,后来发展形成以徐光启、李之藻、王徵等为代表的在实学领域注重吸收西方先进的科学知识和科学技术,与中国传统的科学技术结合,在天文、数学、生物学和农学等方面都取得了很大的成就,掀起了晚明社会的科学启蒙思潮。

在教育领域的贡献,泰州学派教育的平民化是最重要的特色,也得到史学界的一致肯定。王艮的"出则必为帝者师,处则必为天下万世师"的出入为师之说,"有志愿学者传之"的有教无类教风、"不乐不是学"的"乐学"学风,以及"人人君子"的教育志向和王栋"镕铸天下"的社会责任感和使命感等,至今为人们所津津乐道。

在文化领域的贡献,泰州学派倡导"自然之性"的满足,李贽的"童心说"高举起晚明文艺复兴的大旗,公安派"独抒性灵"而形成"直抒胸臆,不拘格套"的文艺理论特色,汤显祖大胆歌颂人的真性情而在晚明文学界和戏曲界大放异彩,等等。

可以说,正是泰州学派的这些新思想、新主张和新行动,打破了中国社会长期形成的封建专制思想和文化观念,使得人们从封建礼教和宋明理学的桎梏中逐步解放出来。其结果,也就必然地对整个晚明社会生活的各个领域,都产生了广泛而深刻的影响。从影响的时间跨度来看,从王艮走出泰州安丰场拜师王阳明开始,泰州学派独具个性的特色思想就开始得到传播。王艮通过"入山林求会隐逸,过市井启发愚蒙"的讲学路径,在王学的旗号下宣传自己的"百姓日用即道"等思想,直至"大成学"在著名的弟子之间的秘传,更是使泰州学派思想得到长久的传布。一代又一代的弟子在全国各地开展的各种教育活动,使得学派思想薪火相传,不断延绵。在泰州地区,王艮及其后代的教育活动流风所及,直到清代。以嘉庆《东台县志》中的《儒林传》为例,记载有清初的一位安丰场人吴道昌,是泰州的秀才,他潜心于理学学习,敬仰王艮学术并尊之为师,每月都到王公祠聚集,宣传王艮的思想学说,已是八十多岁的老人,仍然精力旺盛,不知疲倦。嘉庆《东台县志》卷十五《风俗志》中,引用《中十场志》卷十五的记载:"自王心斋先生崛起安丰,至今百余年来,倡明理学者相继接踵。"而在其他地区,学派弟子发扬泰州学派精神传统,使学派思想不断走向深入。以五传弟子刘塙为例:刘塙,字主静,号冲倩,会稽人,天性讲义气,志向远大,寻师问友总是喜欢意气相投之人。周海门说:我有冲倩做弟子,就不会感到没有知音了! 当时周海门在越中主持会盟,刘塙帮助其师教育开导后进学生,使得周海门的门下来学弟子越来越多。再以有"现代圣人"美誉的梁漱溟先生为例,梁漱溟是中国乡村建设派的开创者,他曾自述一生中有两次思想嬗变,即由西学转向佛学,再归宗儒家。对于第二次嬗变,他多次表示是受到泰州学派王艮父子的影响。他说:"我曾有一个时期致力过佛学,然后转到儒家。初转入儒家,给我启发最大,使我得门而入的是明儒王心斋先生,他最称颂自然,我便是由此而对儒家的意思有所理会。"[①]台湾地区学者张涟在《从流行价值论王艮思想的历史评价》一文中谈到泰州学派对梁氏的思想影响时说,"自二十岁起即要走佛家路线的梁漱溟,在二十九岁(1921)那年放弃出家的念头而转入儒家,日后他自述时指出,当年的转变是受到泰州学派的影响,特别是王艮,他称王艮是'本自己思想而实践的人',是真正的'社会活动家'。同年,梁漱溟出版《东西文化及其哲学》,书中称赞泰州王氏父子(王艮、王襞)的学风'最合我意',而且'作事出处甚有圣人的样子',该书在《世界未来之文化与我们今日应持的态度》一文中指出,未来要能开创文化的新风潮,必须再创古人的'讲学之风',讲学不要成为'少数人的高

---

① 梁漱溟:《梁漱溟讲谈录:朝话》,安徽文艺出版社 1997 年版,第 35 页。

深学问',应从民间着手致力于普及化,他特别指出泰州王艮'化及平民'的讲学风格是值得注意的。"①

泰州学派的思想影响得到了思想界名流的高度肯定。梁启超先生在《中国近三百年学术史》中说:"阳明是一位豪杰之士,他的学生像打药针一般,令人兴奋,所以能做五百年道学结束,吐很大光芒。……他的门生……在野者如钱绪山、王龙溪、王心斋,都有绝大气魄,能把师门宗旨发扬光大,势力笼罩全国。"钱穆在《宋明理学概述》中说:在阳明良知学是一种"社会大众的哲学"这一特定意义上,可以认定"泰州一派为王学唯一的真传"。黄宣民先生在他的《王艮的"百姓日用之学"》一文中指出:"王艮和他所创立的泰州学派,以其'百姓日用之学'和'淮南格物'的独特风旨,构成它不同于前人,也不同于王守仁的独特思想体系,自成一家,其门墙之盛,并不逊于浙中、江右诸王门;而其影响之大,则有逾于王门诸派。"邱汉生先生在 1986 年写给泰州学派学术研讨会的贺词中说:"王心斋先生是明中叶以后的伟大的思想家。他的'淮南格物'之说,他开创的泰州学派,影响十分巨大。他虽出于王阳明门下,但思想性格不同于王阳明。他传道的对象是劳动人民,而不是上层社会的缙绅之士。……泰州学派维护劳动人民的利益,主张'穿衣吃饭都是人伦物理',与统治者的学说相对立。这种鲜明的学派风格在历史上是极其罕见的。"林子秋先生认为,泰州学派在晚明掀起的启蒙思潮,"是一次伟大的思想解放运动,是中国的'文艺复兴',对晚明社会的政治、经济、文化、科学和人们的思想观念、社会风气都产生了巨大影响"②。方祖猷先生在《明朝中晚期的人文主义思潮和文艺思潮》一文中说:"王艮的左派王学给文艺战线上的战士们有哪些思想影响呢?可以概括为一句话:给他们带来了反封建旧势力的精神方法和理论武器。……首先,王艮的'大人造命'说是他们与封建旧势力斗争的人生哲学,使他们具有一股积极进取和桀骜不驯的性格。他们的理想人格就是豪侠精神。第二,王艮的'自然人性'论是人文主义文艺家与封建势力斗争的

---

① 周棋主编:《泰州学派国际学术研讨会论文集》,江苏古籍出版社 2001 年版,第 56 页。

② 《王艮与泰州学派》,第 386 页。

伦理哲学。第三,王艮的'百姓日用是道'是这些人文主义艺术家与封建势力斗争的又一伦理哲学。王艮的这一命题,已提出了反对封建等级制度的朴素平等思想。第四,王艮的'淮南格物'论('出处说'、'安身说')是这些人文主义文艺家与封建势力斗争的政治哲学。……在泰州学派推动下出现的人文主义文艺思潮,主要表现在文艺体裁上俗文学的广泛流行、文艺题材上反封建专制内容和反映市民生活的出现,以及文艺理论上'性情说'向高度、广度和深度的发展。"①

2. 泰州学派在国际上的思想影响

泰州学派思想在国际上的影响,主要体现在对日本的思想影响。阳明学说传到日本后,立即得到了日本社会的普遍关注。钱明先生在《东亚阳明学何以必要?》一文中指出:"如果说阳明学在朝鲜曾遭遇退溪学的全力阻击,但终究使自己立足于非主流社会的话……唯独在日本,阳明学不仅成功地渗透进主流社会,而且还在其近代史上扮演了重要角色。"②泰州学派王艮的语录、尺牍、年谱等,随阳明学说传到日本后,日本学者把这些刊印成册,这就是我们今天所说的"和刻本"。对于李贽的著作,白秀芳先生在《李贽研究在国外》一文中说:"被清政府列为禁书的李贽著作,至今仍珍藏在日本内阁文库和前田家的尊经阁文库等地方。不同时期都有众多的学者从事李贽研究。据初步统计,在日本研究李贽的著作有 19 部,论文 21 篇。最早传入日本的中国文学名著《水浒传》即李贽批点的《忠义水浒传》是 1757 年冈岛冠山根据李贽的百回本翻译编写的《通俗忠义水浒传》。"③当时的阳明学对日本的影响,突出体现在左派王学代表人物如李贽的影响。白秀芳先生指出:"李贽对日本明治维新产生过直接的影响。日本幕末时期著名的文学家、兵学家、明治维新运动的先驱吉田松阴(1829—1859)在思想上就颇受李贽的影响,自谓在生死观上颇得力于李贽的《焚书》并有汉学著作《李氏焚书抄》、《李氏续焚书抄》等。……广濑丰编著的《吉田松阴研究》一书,1933 年由武藏野书院出版。在

---

① 《宁波大学学报》(人文科学版)1988 年第 2 期。
② 《江南大学学报》(人文社会科学版)2012 年第 5 期。
③ 《首都师范大学学报》(社会科学版)1996 年第 1 期。

第二编第二章中,论述了李卓吾之学业,主要介绍了吉田松阴论及的李卓吾的文章。第三章则阐述了李卓吾的事迹与生平传记,介绍了他的著作和思想观点以及参考书。在日本,这本书可以称作研究李贽的入门书。……日本现代著名汉学家铃木虎雄对李贽做过深入的研究。早在1926年9月铃木虎雄因事到北京通县迎福寺谒李贽墓发现断碑,拓去詹轸光的《李卓吾碑阴记》。他潜心研究了李贽的生平、思想和著作并著有《李卓吾年谱》。……对李贽研究卓有成就的,还有日本学者岛田虔次。他在1949年筑摩书房出版的《近代思维在中国的挫折》一书中第三章专门论述了李贽。他认为李贽提出的穿衣吃饭即是人伦物理、私心即自我尊严的主张以及童心说等观点是中国近代思维的一个顶点。作为这部著作的补充,岛田虔次又写了《儒教的叛者李贽》于1962年在《思想》462号上发表,对李贽给予很高的评价。因是以小册子的形式出版对普通民众了解中国、了解李贽起了很大的作用产生了非常大的影响,被誉为名著。……总之,正如中国的历史文化对日本有不可估量的影响一样,杰出的思想家李贽同样对日本产生了不可估量的影响。"[1]吉田松阴曾自述:"吾曾读王阳明《传习录》,颇觉有味。顷得《李氏焚书》亦阳明派,言言当心。向借日孜以《洗心洞札记》,大盐亦阳朗派,取观为可。然吾非专修阳明学,但其学真,往往与吾真会耳。"吉田松阴的思想与泰州学派的何心隐、李贽等人非常接近,他写有一首《自警诗》:"士苟得正而毙,何必明哲保身。不能见几而作,犹当杀身成仁。"吉田松阴曾称赞李贽说:"倾读李卓吾之文,有趣味之事甚多,童心说尤妙。""抄李氏《藏书》,卓吾之论大抵不泄,谁不读而不与吾拍案叫绝哉。"

我国维新变法领袖之一的梁启超先生对此有专门的评价,他说:"日本维新之治,心学之为用也。"在所作的《明儒学案》节本中,他说:"日本自幕府之末叶,王学始大盛,其著者曰太平中斋、曰吉田松阴、曰西乡南洲、曰江藤新平,皆为维新史上震天撼地人物。其心得及其行事,与泰州学派盖其相近矣。井上哲次郎著一书曰《日本阳明派之哲学》。其结论云:'王学入日本则成为

---

[1] 《首都师范大学学报》(社会科学版)1996年第1期。

5-1 泰州学派国际学术研讨会图

一日本之王学,成活泼之事迹,留赫弈之痕迹,优于支那派远甚。'嘻! 此殆未见吾泰州之学风云尔。"对此,胡适深以为然,"在北大讲课时特别称赞泰州学派和泰州精神。他认为泰州所讲的'安身',如同古代杨朱'存我'、'为我'的观念,并指出在中国史上为真理而杀身的仅有极少数人,'而这几个极少的人,乃出在这个提倡安身、保身的学派里'"①。吉田松阴不仅是先驱性质的思想家和教育家,也是积极行动的斗士。他后来因为积极参与"尊王攘夷"运动,并密谋刺杀幕府老中,最终被判处死刑而献出了宝贵的生命。泰州学派思想对日本明治维新的影响由此可见一斑。

从"二战"以后日本学者对阳明学的研究特别是对泰州学派的革新思想研究中,我们可以看到泰州学派至今对日本思想界的重要影响。大久保英子在1945年写的《泰州学派的社会基础》一文,对泰州学派创始人王艮及其诸弟子的社会观方面进行了专门考察。再如岛田虔次在1949年撰写的《中国近代思维的挫折》专著中,论述了王阳明—泰州学派—李贽思想的发展过程,指出其是中国近代思维发展的萌芽,并探求这个思想运动在李贽之后终息的

---

① 林子秋:国内外史学界对王艮和泰州学派的认识和评价——纪念王艮逝世470周年,《黄海学坛》2010年第5期。

原因。又如冈田武彦在 1970 年撰写的《王阳明及明末儒学》专著中,将阳明学分成左、右和正统三派,并分别作了阐述,强调明代思想史研究和阳明学研究应偏重于泰州学派新倾向的研究,以从中吸取有益的思想养料。其他如奥崎业司在 1978 年所作的《中国乡绅地主的研究》专著中,论述了阳明学左派的发展,认为自王阳明至"左派王学"在思想上的创新发展,正好反映当代地主统治阶级与农民之间怀柔与自救的意图,并对李贽的思想作了专题研究。沟口雄三在 1980 年写的《中国前近代思想的曲折和发展》专著,从思想发展的源流来论证明代思想家的曲折思想史转换,认为从王阳明,延及王畿、王艮、罗汝芳、李贽、耿定向、焦竑等,直到黄宗羲、顾炎武等,才得以朦胧地展现全貌,从而指出中国能向自己的近代迈进。等等。

根据白秀芳先生在《李贽研究在国外》一文中的论述,作为左派王学代表人物之一的李贽思想,在东南亚国家特别是新加坡以及美国、欧洲等国也有较大的思想影响。

就东南亚国家而言,由于"李贽的家是个数代人经商和从事对外贸易的世家,故此李氏的族人侨居印尼、马来西亚、新加坡、缅甸、泰国,旅居港澳台等地的有 3000 多人。在这些国家和地区,有很多学者从事李贽的研究,李贽的思想在这些国家和地区产生着深远的影响"①。

就新加坡而言,"李贽在被誉为亚洲四小龙之一的新加坡尤其在华人社会卓有影响。在新加坡流传、保存的李贽著作有《焚书》、《藏书》、《续藏书》、《说书》、《九正易因》及批评小说戏曲等书有关李卓吾事略的书籍有《泉州府志李贽传》、孔若谷《卓吾论略》、白东奎《李贽事略》、彭际清《居士录李卓吾传》、袁中道《李温陵传》、顾亭林《日知录》注书中有介绍李贽被控经过及罪状、评语等、朱维之《李卓吾论》注协大书店民国二十四年出版等等。"

就美国而言,"早在 1938 年,西雅图华盛顿大学教授肖公权就撰写了论文《李贽:16 世纪抨击封建传统的一位思想家》(明史论文集集第 6 期),文中对李贽反封建传统的思想给予了充分的肯定,这对西方学者了解李贽的思想起

---

① 《首都师范大学学报》(社会科学版)1996 年第 1 期。

到了介绍的作用。"其他还有多位学者对李贽思想进行了深入的研究与传播。如纽约州立大学纽帕尔茨学院历史教授黄仁宇教授 1980 年撰写了《万历十五年》一书,这部著作译成德文、法文、日文等多国文字,在世界思想史研究领域产生了一定影响,使世界上更多的国家和人民了解了历史上的中国明代社会。在这部著作的第七章中,黄仁宇先生花费了近 3 万字的笔墨写下了"李贽——自相冲突的哲学家"一章,详细介绍了李贽的家世及对他的影响,并通过对李贽一意孤行的性格分析,以及与耿定向思想上论争的分析等,从各种角度论证了李贽的思想,指出了李贽是一位自相矛盾的哲学思想家。……黄仁宇先生在文中进一步分析指出:"李贽的学说一半唯物,一半唯心,这在当时儒家思想家中并非罕见……他的思想受到王阳明、王畿、王艮等的影响,以学术流派而论,他始终被认为属于泰州学派。"

　　就欧洲国家而言,现代德国学者福兰阁对李贽有深入的研究,"在他的著作《十六世纪中国之思想斗争》一书中指出,李贽坚持正确的真理观,并非'反孔',而仅仅是反对道学家对孔子思想的歪曲,反对道学家的唯心论和形而上学。……另外,福兰阁先生还撰写了《李贽与玛利窦》和《李贽》两篇文章,较为详细地介绍了李贽的家世、生平、著作和与利玛窦神父的交往,以及李贽的进步思想。福兰阁先生的著述使更多的西方学者了解了李贽,在西方汉学界有一定影响。"瑞士中国学家、日内瓦大学教师 J. F.彼勒特撰写了专著《李贽——被诅咒的哲学家》(日内瓦德里兹出版社,1979),此书的出版对西方社会影响很大。作者概括地介绍了李贽的生平事迹,分析李贽的个性和世界观的特点,对李贽给予了很高的评价,并详细研究了李贽的主要著作,包含 30 篇最重要的李贽文章的整句翻译和摘译。……可以说,彼勒特的著作是对欧洲中国学及李贽研究的宝贵贡献。为此,苏联学者 A.N.科勃泽夫撰写了专文《评彼勒特的〈李贽——被诅咒的哲学家〉》,指出:"彼勒特从以李贽为代表的那个社会的特点,引申出自己对李贽个性和世界观特点的理解","他的著作毕竟最充分地体现了李贽的主观自由观。正如自由的活动既会有绝对的矛盾,也会有绝对的否定一样,李贽的著作对他来说是一种取代了形而上学思维的思辨活动的实践范畴,也就是说,它成了埋葬形而上学的墓地"。研究李赞的苏联学者还有波兹涅耶娃、曼努辛,代表著作有《中世纪的东方文学》和《李贽的观点及其同时代人的创作》,书中论述了李贽的"童心说"及其哲学思想等。

综上所述,各国学者对泰州学派代表性人物李贽思想有着深刻的研究,不难看出,泰州学派在国际思想界确实有着不小的影响,而这种影响将是长期的、深刻的。

第六章 泰州学派与城市文化塑造

城市是人类经济、社会、文化等发展的缩影。不同地域内的城市发展，由于地理位置、社会环境、人文历史等因素的影响，形成了各具特色的城市文化。城市文化反映了一个城市人民的生存状态、发展模式和价值取向，维系了城市的根，塑造了城市的魂，引领着城市的未来发展，形成了城市发展的文化软实力。因此，充分挖掘和利用城市的特色文化，不仅有利于提升城市的内在品质，而且能够形成城市核心的文化竞争力。

第一节　泰州学派与泰州城市文化品位提升

一个城市的历史积淀越深厚，文化个性越突出，特色就越鲜明，品位也就越高。泰州作为一个有着二千一百多年建城史的国家级历史文化名城，有着太多的文化遗产和精神财富。这既是优秀历史文化传统积淀深厚的体现，更是一方水土养育一方人的独特精神创造。各具鲜明个性的特色文化特别是泰州学派文化，使得泰州有着区别于其他城市的特殊的文化品位。

一、"泰州学派"是中国思想史上罕见的以地方命名的学派，也是泰州成为中国城市发展史上仅有的以城市名称命名学术派别的城市

　　龚杰先生在中国思想家丛书《王艮评传》中论述"泰州学派的传承与特点"时说："王艮逝世后约 30 年，与王襞同时代的王世贞所撰《弇州史料后集》首次把王艮之学用他所处的地域'泰州'命名。"①而明末清初思想家黄宗羲在其巨著《明儒学案》中专列《泰州学案》，因地而名以王艮为创始人的学术派别。民国时期著名的教育家、史学家、哲学家嵇文甫先生在其著作《左派王学》中，首次提出了"泰州学派"的概念。他在著作中说："王学的狂者精神，他表现得最显著。在他领导下的泰州学派，把这种精神充分发挥，形成王学的极左派。"②

　　新中国成立后，我国思想学术界众多的专家学者都引用"泰州学派"这个名称对以王艮为代表的"泰州学派"思想进行了深入研究，甚至曾经在学术争论过程中形成了截然不同的两个方面的看法。而在国外如日本、韩国、美国、德国及东南亚等多个国家，对泰州学派的思想研究长期以来一直没有停止，并取得了多方面的研究成果。地以人闻，派以地名。"泰州学派"之名，是泰州在中国众多城市中地灵人杰、人文底蕴深厚的具体体现，也使得泰州城市之名在国内外城市中享有了独特的美誉度和知名度。

二、泰州学派因承继孔孟儒学而在王阳明"心学"思想体系中独树一帜，也使得泰州城市深厚了重教倡文的优良文化传统

　　泰州素有"汉唐古郡、淮海名区"之称。千百年来的泰州，风调雨顺。相对发达的地方经济、敦厚纯朴的居民性格和重教兴学的文明传统，使得泰州人文荟萃，名贤辈出。北宋时的教育家胡瑗，称泰州"儒风之盛、夙冠淮南"。

---

① 《王艮评传》，194 页。
② 《左派王学》，第 38 页。

　　史料记载,泰州在唐代时的武德三年(620年),当时称吴州,刺史张买臣就开始建州学于城东南。北宋庆历年间(1043年或1044年),泰州开始在子城内兴办地方官学,并建有学宫。宋高宗绍兴八年(1138年),州学被移到城西。绍兴二十五年(1155年),泰州州守王杨英在城东建宣圣庙(文庙),即在庙中办学。以后续有增建,并开始藏书,置钱库、义廪、学田。南宋绍定元年(1228年)重修时,将原贡院迁至州学东隅。元末时,泰州州学一度毁于兵火。到明代洪武初年,泰州知州张遇林在故址重建州学,恢复旧观。永乐至成化间,又几经修葺。在清康熙、雍正、乾隆、嘉庆间,又多次修葺,规模不断扩大。当时泰州学宫的规模很大,屋舍林立,殿宇轩昂,主要建筑有大成殿、明伦堂、尊经阁、崇圣祠、名宦祠、名贤祠、思槐堂、聚奎楼,以及魁星亭、射圃亭、敬一亭、炉亭和武斋等。到清光绪三十一年(1905年),随着科举考试的废除,学宫日渐荒芜。民国初年兴新学,在州学旧址上创立了泰县县立中学。

　　泰州除在州城建有州学、义学和私塾外,周围各城、乡里乃至村庄,也都办有县学、乡学、义学和私塾等。如泰兴县,在南宋绍兴年间,知县尤衮等县官就在县城兴隆桥东创建儒学。清咸丰十年(1860年),知县金以城在城中夫子庙东侧创办了襟江书院(在今泰兴中学校园内)。光绪二十七年(1901年),知县龙璋改襟江书院为泰州县学堂,第二年,又更名为泰兴县第一高等小学。光绪三十年(1904年),泰兴人于莲生在县城北大街上创办私立进化两等女子学校。光绪三十二年(1906年),知县张壮彩在城东黄公祠内设教育会。宣统二年(1910年),知县俞都创办县立中学堂(今泰兴市中等学校前身)。宣统三年(1911年),县府又设师范传习所于县城孔庙明伦堂,等等。泰州历史上先后所辖其他各县、乡、村都有类同于泰兴的重教兴学业绩。经过历史的深厚积淀,泰州形成了重教倡文的优良社会传统,并世世代代流传下来。泰州人民十分感念那些造福于民的官员,如在兴化,为纪念元代兴化知县詹上龙的功德,百姓将詹上龙在元至元十三年(1276年)作为理政行馆和读书处的"襟淮楼"改称为"读书楼"。

　　在主城海陵区,人们把北宋大教育家胡瑗以及明代泰州学派创始人王良讲学的安定书院称作"胡公书院"。特别值得一提的是,泰州从明代起就成为扬州府学政考试所选之地。当时的扬州府所属各州县的考生都聚集泰州学政试院参加考试。据《泰州入学全案》等有关资料记载,从明万历四十年(1612年)起,到清光绪三十一年(1905年)废除科举时止,这里一直是扬州府院试的主考场。道光《泰州志》记载,学政试院曾经是一处规模宏大的建筑群,气势恢宏,大门前设有照壁、东西辕门和东西吹鼓亭,进而围合成为一个广场。仪门和大堂之间的院子两侧,各建有考棚数十间。在泰州学政试院前后主政的一百多位学政中,亦有不少名声显赫的人物。清朝大学士张廷玉之弟张廷璐,两次出任江苏学政,五次到泰州主持考试。家喻户晓的清代名臣刘墉,也曾当过两任江苏学政,四次到泰州进行岁考和科考。而从泰州学政试院考出来的秀才当中,后来成为名人的就更多了,如著名的学者阮元、王念孙、王引之,著名画家郑板桥等。现在,泰州学政试院已基本恢复了清代的原貌,展现了泰州城市重教尚文的深厚历史文化底蕴。

6-1　学政试院

在泰州文化先贤中,更是群星璀璨。大师级的人物中,除"泰州学派"创始人王艮外,还有著名书法评论家张怀瓘、教育家胡瑗、《水浒传》作者施耐庵、评话宗师柳敬亭、"棋圣"黄龙士、"扬州八怪"代表人物画家郑板桥、太谷学派集大成者黄葆年、京剧艺术大师梅兰芳、地质学家丁文江等。而在泰州主政或兴业的历代名贤中,宋代名相吕夷简、晏殊、范仲淹,抗金名将岳飞,《桃花扇》作者孔尚任,《镜花缘》作者李汝珍,文艺批评家刘熙载,民族英雄林则徐,书画大师齐白石等,都留下了闪光的足迹。

　　明代中期以后形成的泰州学派,则使泰州重教尚文的风气大为盛行并经久不衰。泰州学派创始人王艮开宗立派的目的,与孔孟一样,是为了通过道德教化经世济民,恢复理想的社会秩序,进而实现社会的"尧舜之梦"。而其师王阳明立学的目的,则是为了"破心中贼",稳定封建统治秩序,实现其"天下一家"的理想社会。泰州学派从一代宗师王艮开始,就注重通过地方教化和宗族建设手段,加强对百姓的教育宣传工作。其后继者如王襞、王栋、颜钧、罗汝芳、何心隐、李贽等,无不重视在民间的宣传教育活动。而在泰州学派的教育实践中,教育的对象以本地学生为主。从史料记载的情况看,王艮及其后人的讲学场所主要在泰州本地。王艮有记载的 157 名学生中,有明确籍贯记载的 75 人,其中泰州籍就有 39 人。王襞从 30 岁开始进行独立的讲学活动,到其去世的将近 50 年里,绝大多数时间都是在家乡东淘精舍讲学,还有就是在泰州城内崇祀王艮的崇儒祠开展经常性的讲会活动。因此,他的学生中绝大部分是泰州人,最多的是安丰场及其附近盐场的人。在《王东崖先生遗集》卷下《门人姓氏》中,就记载有弟子 205 人,其身份和里居可考的 112 人中,泰州籍的就有 89 人。而王栋晚年致仕还乡后,在姜堰镇建宗祠、创归裁草堂,终日讲学不倦,前来听课的学生难以计数,且多是本地人。泰州学派的形成,既受泰州历史上的重教思想影响,同时其教育流风又促进和惠及了泰州地方经济、社会的发展。特别是在基础教育方面,泰州的人才培养水平在全国享有极高的美名。如百年名校泰州市大浦中心小学培养的人才中,走出了党和国家领导人胡锦涛这样的领袖人物,也走出了如牛津大学中国学生学者联合会主席申志鹏这样的英才人物。而在泰州的中学教育阶段,一直以"三泰教育"在全国享有盛名,泰州中学、姜堰中学、泰兴中学以及靖江高级中学、兴化中学、洋思中学等,都以其优异的教育实绩吸引着来自全国各地的取经者。近年来,泰州的高等教育也取得了不俗的成绩,从建市之初的一所高校发展到七所高校。2013年4月,泰州二本院校泰州学院挂牌成立,实现泰州高等教育史上的又一重大突破。所有这些,都使得泰州城市相对于全国其他城市来说,重教倡文的优秀文化基因显得更为突出。

三、泰州学派文化的平民化特色使得泰州城市文化深深浸润其中,也使得泰州城市打上了独特的闲适文化特征

泰州城市2100多年的岁月流转,沉积了肥沃深厚的文化土壤,也孕育了泰州多姿多彩的文化形态。独具特色的水文化、盐税文化、教育文化、宗教文化、戏曲文化、红色文化和节庆文化等,表现了泰州城市文化的丰富多样性,体现了泰州城市文化中的平民意识。这些文化,都无一例外内在地体现了泰州人民享受生活、追求幸福的闲适文化特征。七百多年前的意大利旅行家马可·波罗在游历泰州时,发自内心地赞叹"这城不很大,但各种尘世的幸福极多"。而在当今城市现代化建设的进程中,泰州人追求闲适的生活状态更是格外引人瞩目。应该说,在闲适的背后,蕴藏着的是泰州人的平民意识,体现的是崇尚和尊重人的生命、尊严、价值、自由的精神。这些既平凡又深刻的文化追求与泰州学派的平民意识是不谋而合的。

在中国思想文化史上,王艮及其开创的泰州学派作为一种前所未有的平民儒学受到了世人越来越多的专注。泰州学派学术思想与社会实践的最大特色就是平民化特色。从学派创始人及其众多的弟子成分看,出身于平民的人数占了大多数;从教育对象看,多是如农夫、灶丁、樵夫、佣工、商贩等处在社会底层的平民百姓;从教育方式看,学派运用通俗易懂的百姓语言深入浅出地阐明道理并寓教于乐;从教育场所看,多是在市井街道、田间地头这些老百姓经常聚集的地方,即使如罗汝芳主政的官府公堂之上,前来听讲的平民百姓也能任意来去,接受学派儒学思想教化;而从教育内容看,学派着力宣讲的是"百姓日用之道"、"百姓日用之学"这些浅显易懂的真正的"圣人之道"、"圣人之学",崇尚"愚夫愚妇"的"家常事"中蕴含着社会发展的规律,由此也揭示了"圣凡平等"这样的真理。泰州学派立足平民的视角,注重道德教化,

讲究人与人之间的平等友爱,追求实现社会的安定有序。学派诸贤反映普通百姓呼声,说出了平民百姓想说而不敢说的话,做了平民百姓想做而做不到的事,因此也得到了广大人民群众的衷心拥护和支持。所以,体现在泰州城市历史文化传统中,以泰州学派为代表的平民文化深入人心、历久弥新。而自明清以来,泰州的众多乡贤无论是在朝为官,还是在野为民,无不践行着泰州学派"百姓日用即道"的平民思想理念。据此,有泰州学者指出,泰州文化精神的内涵是平民意识,这是泰州城市文化的灵魂和精髓。

6-2 老街

泰州城市文化中的平民意识和亲民因子,体现在泰州人日常生活中所呈现的独特的闲适文化特征。

泰州城市文化中的闲适性,首先是表现在饮食文化方面。泰州城市中的维扬菜、徽菜、鲁菜、川菜、吴越菜、上江菜交融,酸、甜、麻、辣、鲜,味味皆有。历史上的泰州普通百姓,习惯于"早上皮包水,晚上水包皮"的闲适生活:人们早上起来坐到茶馆,点上一份拌干丝,再来一碗鱼汤面,边慢悠悠地品味美食,边欣赏评书或戏曲;下午是泡澡堂,打茶围;而到了晚上,则是呼朋唤友,几人围坐在一起或是小酌一杯,或是谈天说地搓搓麻将。而那些官员以及盐商们除了与普通百姓一样坐茶馆、泡澡堂之外,酒足饭饱之后亦多附庸风雅:"饭后听评话,入夜赏戏文。"由此,泰州的戏曲文化现象也应运而生。

泰州的戏曲中,祖籍泰州的梅兰芳为"梅派"艺术的创始者,列"四大名旦"之首,名噪海内外。其子梅葆玖承继家学,使梅派艺术声名远播。有史料记载:康熙初年,泰州的戏曲爱好者俞锦泉、王孙骖、陈端、朱光岩等都拥有家班。其中,以俞锦泉的家班最为出色。孔尚任曾有诗咏俞家班:"俞君声伎甲江南","粉白黛绿不知数"。孔尚任在泰州撰写《桃花扇传奇》二稿,并由俞家班试演。陈端家在州署西面,由于其家歌舞之声终日喧阗,因而其家所在街巷被人们称为"歌舞巷",这一名称传续至今。

泰州城市文化中的闲适性,在建筑文化方面尤为突出。有专家研究认为泰州城市的民居建筑体现了尊重自然、天人合一的思想精华,同时吸纳了中国南北建筑文化的精华,既有南方吴文化的清秀典雅,又不失北方楚文化的雄浑简朴;既有北方民居封闭的建筑格局,又有江南宅第活泼的艺术风格。国内不少专家对泰州古民居赞赏有加,著名古建筑专家陈从周先生将其命名为"泰式民居",与江西景德镇的赣式民居、安徽歙县的徽式民居以及江苏吴江的苏式民居相媲美,合称为"江南四大民居"。同济大学古建筑保护专家阮仪三教授更是认为,泰州民居"集明清民居之佳构",是泰州历史文化名城的最大特色之一。"泰式民居"与其他民居相比,主要特点为"朴素、简单、实用",体现了泰州乡土建筑的平民化特征,就是最大限度地尊重人,一切以人为本。从实地调查的情况看,泰州明清古民居无论空间的大小和尺度的高矮,都与人体有一定尺度的合适比例,使人们在其中生活能够活动自如、舒适自在。有关专家分析,这应该与泰州地区的民风和传统休戚相关,特别是受王艮"百姓日用即道"思想的浸淫,泰州的官与民都习惯了简单、朴素、本色的生活方式。

泰州城市文化中的闲适性,也体现在泰州人的出行方面。泰州地区历史上江、海、淮三水交汇,水网密布。泰州主城区海陵双水绕城,城里分布有三纵、三横的市河和玉带河,城外有又宽又阔的护城河。城内河面以小船为主要的交通工具,河两边有樟木和吊脚楼沿河而砌,河面上建有108座桥梁方便人们行走。至今泰州城中仍保留着如西昌桥、演化桥、招贤桥、高桥等数十座桥梁。而泰州城外也是水网稠密,城市与圩、垛、岱、庄、村、镇之间通过各种河、湖、港、汊、沟等进行通联,四通八达的水运给泰州带来了城市的繁华景象。泰州历史上的鼎盛,是从煮海为盐的盐业生产和贸易运输开始的。当时所产海盐包括被称为海陵红粟的特产水稻等都是由运盐河(今称老通扬运河)等黄金水道经扬州沿长江和大运河运往全国各地,而泰州地方所需的各种用品也是通过便利的水运而来,因此历史上有"水陆要津,咽喉据郡"之誉。当年泰州学派创始人王艮多次去南昌王阳明处,就是通过水路坐船溯江而上的,这也说明了泰州的水码头通江达海。

　　泰州人之所以如此闲适,皆是因为泰州自古以来的"地利显分,富一千里之黔庶。咸鹾赡溢,职赋殷繁",《泰州重展筑子城记》中描述的这种优良的自然禀赋,使得泰州人能够有更多时间和精力去关注自身生活的质量,追求生命存在的本真。而从自然地理来看,泰州地区由江、淮、海三水激荡而成,浩浩荡荡的海洋、宽广无垠的平原、四通八达的水陆运输,使得泰州人形成了开阔的胸襟与豁达的气质,也注定了泰州人对自由与平等的热爱和追求。这种独特的地域特征,也形成了泰州城市鲜明的文化包容性。泰州形成了独有的儒、释、道、基督教等多教共生共荣,以及盐淮、维扬、上江、齐鲁、吴越等各种文化的相互交融和相得益彰。又由于泰州文化中平民文化意识的开放性成分,泰州本地乡贤能够代领风骚,而外来名流、迁客也可以大放异彩,交相辉映。

　　泰州的闲适文化,体现的既是一种身、心与自然之间内在和谐的生活境界,也是一种人与人之间充满平等、诚信、友善和对人性尊重与关怀的道德境界。我们至少可以这样说,在"早上皮包水,晚上水包皮"这样的市井生活中,大家相处一堂,共聚一室,其乐融融。因此,泰州城市文化中的这种平民文化特征,在今天市场经济的大潮中,显得是那么的特立独行,泰州人以一种特有的淡定态度,从容地生活着、创造着、发展着。这种在现代化城市建设进程中的闲适生活状态,在批评者看来常常是一种不思进取、小富即安思想的反映,而在赞赏者的眼里则是一种乐观豁达的生活方式。其实,泰州人这种闲适的生活状态,是对人生幸福的一种价值选择。这样一种价值选择,恰恰构成了泰州这座城市特殊的人文魅力,也正体现了建设现代化城市应当达到的理想境界。事实上,泰州在经济、社会、文化方面所取得的巨大成绩,城市闲适文化中蕴藏的平民精神是一种重要的思想根源,为泰州凝聚民心,实现长期发展而历经千年不衰提供思想的营养和力量。

西方早就有学者预计,人类将在 2015 年进入休闲时代。在今天,休闲文化的概念已深入人心,旅游产业已从观光旅游时代向休闲度假时代发展。以往人们眼中那种带有贬义的"休闲"概念,随着经济社会的发展与进步正成为人们普遍的精神性追求和一种生活方式。因此,休闲产业在事实上已成为一项前景十分广阔的产业。泰州城市的"水城慢生活",正以令人惊羡的目光得到越来越多人的关注与参与,形成了城市普遍的休闲生活特色。于光远先生在《论普遍有闲社会》中指出:"闲是生产的根本目的之一。闲暇时间的长短与人类文明的发展是同步的。从现在看将来,如果闲的时间能够随着生产力的发展进一步增加,闲的地位还可以进一步提高。这是未来社会高速发展的道路。"如此来看,泰州城市的闲适文化特征,正是代表了当今世界城市今后文化发展的一种走向,而这也正体现了泰州城市文化的极高品位。

第二节　泰州学派与泰州城市精神塑造

城市精神"是一个城市从表面到内在显示出的地域性群体精神。外在看,城市精神表现为一种风貌、气氛、印象;内在看,城市精神则更多地表现为一种市民精神,是这个城市民众群体集体性所拥有的气质和禀赋的体现,这种气质和禀赋体现着市民群体的价值共识、审美追求、信仰操守,它在久远的历史演进中逐渐形成、烙印着清晰的地域特点,真实地反映地区的社会发展水平和文明程度,对社会未来发展具有某种牵引、推动或阻滞的作用"①。城市精神作为城市独具一格的精神品质,是城市在历史发展过程中形成的、被

① 汪震国:《试论城市精神的培育和塑造——以福建省三明市的实践为例》,《中共福建省委党校学报》2008 年第 3 期。

其人民广泛认同和秉承的具有明显地域特色的共同价值观与精神追求,因而是一个城市可持续发展的精神支柱及内在动力。城市精神凝聚着一个城市的思想灵魂,代表着一个城市的整体印象,彰显着一个城市的特色风貌,引领着一个城市的未来发展。因此,一个城市具有什么样的城市精神,决定了这一个城市到底能够走多远。

1996年地级市组建以来,泰州人民发扬"团结拼搏、艰苦创业、务实高效、自强争先"的城市精神,凝心聚力,锐意进取,抢抓发展机遇,共谋发展伟业,取得了经济和社会发展的巨大成就。特别是近年来,泰州人民在市委、市政府的坚强领导下,坚定不移地走具有泰州特色和优势的发展新路,坚持实施"双轮驱动"战略,努力推进"三个名城"建设,经济社会发展取得了历史性突破。特别是近年来泰州争得了江苏省转型升级综合改革试点这一重大历史性机遇,实现了中国医药城由弱变强,完成了姜堰撤市设区,创成了出口加工区、国家现代农业示范区、国家历史文化名城等一系列国字号金色招牌,圆了"火车梦"、"大学梦"、"电厂梦"、"机场梦"和"大桥梦"。可以说,这十六个字的城市精神既是全体泰州人民坚持不懈忙家业、干事业、创大业的真实写照,又是全力以赴建设美好泰州、共创幸福生活的动力源泉。当前,泰州市正处在全面实现小康并向基本实现现代化迈进的关键阶段,处在加快转变经济发展方式、推动经济转型升级的攻坚时期。面对国内外城市竞争日趋激烈的新态势,面对转型升级发展的新形势和城市化快速发展的新进程,面对城市文明程度进一步提升的新空间,泰州需要新的城市精神彰显个性与魅力,需要新的城市精神凝聚人心和聚合社会力量,需要新的城市精神引领奋进的方向,城市精神也需要与时俱进。江苏省确立了"创业创新创优、争先领先率先"的"三创三先"精神,泰州应当有着什么样的新城市精神呢?

日本学者小川和佑在《东京学》一书中指出:"一个人是需要有精神的,一个城市也需要有精神。一个美好的人一定是一个有精神的人,一个美好的城市一定是一个有精神的城市。一个人什么都可以缺少,唯一不能缺少精神;一个城市什么都可以拥有,但最难得、最难拥有的是精神。"①不少学者认为,特色鲜明、特质挺立的城市精神,是对一个城市深厚的人文积淀的概括和提炼。而离开了城市文化的深厚积淀,城市精神就是无源之水、无本之木。古人云:根之茂者其实遂,膏之沃者其光晔。城市精神发源于深厚的城市历史文化底蕴,也从丰沃的文化土壤中汲取着营养。泰州作为一座具有5000多年文明史、2100多年建城史的国家级历史文化名城,有着深厚的历史文化底蕴和特色鲜明的个性文化。在泰州丰富多彩的城市个性文化之中,泰州学派文化以其独有的精神气质融入城市的血脉,塑造着泰州"尚德、创新、包容、务实"的城市精神。

一、尚德——泰州城市的道德精神

泰州学派创始人王艮提出的著名"淮南格物说",实则就是典型的道德修养论。王艮认为,治理天下是有根本的,这就是必须使自"身"正,"身正而天下归之"。所以他在《语录》中对"格物"的新解是"格物之物,即物有本末之物。身与国家,一物也,唯一物而有本末之谓","格,絜度也,度于本末之间",

6-3 望海楼

---

① 转引自 http://202.136.208.148:9080/rdjj/2005130021.htm。

"格物,正是止至善","止至善者,安身也;安身者,立天下之大本也。……故曰自天子以至于庶人,壹是皆以修身为本也"。在王艮的眼中,理想国家中的每个人都注重"修身",每一个人都有良好的德行,进而"君为尧舜之君","民为尧舜之民"。不仅如此,王艮还提出了"重德轻刑"、"重德行轻文艺"的思想,认为国家的社会治理应重在道德教育,官员的选拔应以德行作为标准,进而使崇尚德行成为整个社会成员的追求。为了实现这一理想的教育目的,王艮坚持"此学是愚夫愚妇能知能行"的教育理念,一生坚持从事平民道德教化活动。而王艮注重自律的道德榜样言行,也深刻影响着其众多的弟子,他们每到一处,都继承王艮尊道重德的教化传统,开展社会教化运动。

　　泰州作为泰州学派掀起的晚明社会教化活动的中心,其道德教化影响尤为深刻,这也使泰州的城市精神不可避免地打上了泰州学派的文化底色。泰州人民长期以来一直有着优秀的传统美德,各个时期先后出现了许多美名度很高的道德楷模人物。如土地革命战争时期的泰州地区中国共产党党组织创始人、农民运动领袖沈毅烈士,在1928年组织发动了著名的"五一"农民暴动。暴动失败后,他不幸被捕,不顾严刑拷打,严词拒绝高官厚禄收买,用鲜血和生命谱写了一曲惊天动地的正气歌。解放战争时期的苏中"女杰"高凤英,为掩护部队突围负伤后被叛徒出卖,受尽残酷折磨仍坚贞不屈,始终严守党的机密未吐露一字,最终为中国人民的解放事业英勇献身。1947年3月8日的延安《解放日报》,在纪念国际妇女节的社论中号召全国:"我们要学习苏中高凤英和晋绥刘胡兰的光辉范例,领导广大妇女和敌人作誓死不屈的斗争。"时任苏中区党委书记、后任全国人大常委会副委员长的陈丕显在《苏中解放区十年》一书中高度评论:"高凤英宁死不屈的精神,是苏中人民敌后斗争的象征。"抗日战争时期,著名的京剧表演艺术家梅兰芳身处逆境,他蓄须明志,拒绝为敌伪演出,表现了崇高的民族气节。抗美援朝战争中的志愿军"特级战斗英雄"杨根思,带领志愿军战士坚守阵地,打退美军多次进攻,危急关头抱起炸药包冲向敌群,勇敢地与敌人同归于尽。中国人民志愿军总部追授其"特级战斗英雄"称号,彭德怀元帅亲笔为他题词:"中国人民的优秀儿子,国际主义的伟大战士,志愿军的模范指挥员——杨根思烈士永垂不朽!"

朝鲜民主主义人民共和国最高人民会议常任委员会追授他"朝鲜民主主义人民共和国英雄"称号和金星奖章、一级国旗勋章等。

新时期泰州人的代表、泰州市信访局原局长张云泉,坚守在号称"机关第一难"的信访岗位,用心倾听群众的呼声,用真情温暖百姓的心灵,用智慧和毅力对抗各类势力,用正气在党和群众之间架起了一座连心桥,以务实的作风和高度负责的态度化解了一个又一个矛盾。张云泉同志被授予"全国优秀共产党员"、"全国劳动模范"、"全国道德模范"、"全国人民满意的公务员"、"全国双百人物"等荣誉称号,并连续当选为党的十七大、十八大代表。"法官妈妈"陈燕萍,长期扎根基层,忠实履行法官职责,用真心、真情、真爱赢得了广大人民群众的真心爱戴和支持,在平凡的岗位上做出了不平凡的业绩。她先后被评为"优秀三八红旗手"、"全国模范法官",并获得全国第三届道德模范奖提名。人民教师中的杰出代表、"泰州最美教师"杨向明奋不顾身勇救落水儿童,用生命谱写了无私大爱。他的亲属拿出部分烈士家属抚恤金,设立"杨向明弘毅助学金",用于资助品学兼优的在校学生,将英雄的大爱精神向全社会传承,使泰州这座大爱之城的大爱精神绽放出更加绚丽的光彩。

泰州普通市民中,被誉为泰州"爱心奶奶"第一人的周剑秋退休后带动多位老人为贫困孩子织毛衣,资助多名贫困学生,去世后还把遗体无偿奉献给祖国的医学科学事业。在周剑秋的榜样带动下,泰州的"爱心奶奶"、"爱心爸爸"、"爱心妈妈"、"爱心姐姐"们,用爱心温暖和关怀困难家庭、儿童,共同参与社会救助。泰州"爱心车队"多年免费接送弱势群体成员和高考学生,还组织如"爱走西藏"活动,把广大市民捐赠的爱心物资送到藏民手中,并资助拉萨市贫困学生。泰州援疆老师发动爱心接力,对新疆昭苏县的贫困学生实施帮扶工程。正在全市深入推进的"美德善行"系列活动,通过美德善行精品故事库、美德善行排行榜、美德善行促进会、未成年人育苗工程、网上工作平台、主题教育基地等六大工程,把社会主义核心价值观建设具体化,被专家学者推崇为"泰州样本"、"泰州表达"。可以说,他们用自己的实际行动把泰州人的大爱精神推向全国,诠释了中华民族优良的美德传统,竖起了泰州这座城市不朽的精神坐标。

二、创新——泰州城市的时代精神

6-4　中国医药城

泰州是江、淮、海三水交汇之地,约在 7500 年前,这片土地才从海中升起。在远古恶劣的生存环境中,泰州人民战天斗地,煮海为盐,耕种粮食,从事商贸往来,使得泰州成为一片繁庶之地。在长期与自然斗争的过程中,泰州人民磨砺出拼搏进取的创新精神,体现在泰州学派创始人王艮身上,是他以"大人造命"的情怀立志通过教育手段改变人民群众遭受痛苦压迫的悲惨命运。王艮以"出则必为帝者师,处则必为天下万世师"的豪迈情怀,坚持"为天地立心、为生民立命"的社会改造理想,一生效法孔子到处讲学传道,教化天下之人。王艮的这种英雄情怀,对其弟子们产生了深刻的影响。族弟王栋坚持和继承王艮的思想理念,提出要在"出"之中"行经世之志",在"处"之中"镕铸天下",进而"将乾坤世界重新镕铸一番"。颜钧、何心隐、李贽等为了理想社会的实现,敢于挑战封建伦理和专制制度,不惜以身殉道,成为反封建专制的时代斗士和"叛逆"。他们敢于创新和创造的所谓"异端"思想、行动,推动晚明时代社会风气的进化和思想的解放。以李贽为旗帜的文艺启蒙思潮和以徐光启为领军人物的科学启蒙思潮，极大地推动了中国封建社会的发展，取得的巨大成就足以与同时代的欧洲文艺复兴时代相媲美。泰州学派勇于突破传统、敢于创新、善于斗争的风范，对新时期的泰州城市精神塑造，是一种极其宝贵的精神文化资源，也是泰州人民大胆进取、不断创新创造的活力之源。

新泰州提出的"团结拼搏、艰苦创业、务实高效、自强争先"十六字精神，延续了城市文化传统中的创新进取精神。泰州人民在市委市政府的领导下，抢抓历史发展的机遇，不畏艰难，勇于争先，经济社会得到长足发展，人民生活实现了由温饱向小康的历史性跨越。在全国各城市之间竞争发展的进程中，泰州坚持以创新型城市建设引领城市未来发展，走出了一条既重视打牢基础建设，又重视彰显文化特色和优势，更重视民生幸福的科学发展、跨越发展之路，实现了从全国科技进步先进市、国家知识产权工作示范城市、全国技术创新区域试点城市到国家创新型试点城市的跨越，成为江苏省获得科技部这四张"国牌"的第三个城市。而泰州的生物医药产业伴随着中国医药城建设，在市委市政府敢为人先的决策与果敢推进中，从无到有、从小到大、从弱到强，发展成为泰州特色支柱产业，走向全国领先和领军地位。泰州医药高新区成为全国唯一的国家级医药高新区，跻身国家创新体系，成为江苏生物技术和新医药产业发展核心载体，国际生物医药产业在中国投资兴业的首选之区。中国医药城正在朝着"中国第一、世界知名"的目标挺进。

泰州众多创新型企业中，扬子江药业集团长期以来坚持以创新引领发展的战略，努力做大做强产业规模优势和人才技术优势，全力提升自主创新能力，努力研发上市一批有自主品牌的医药产品，不断朝着国际一流药企的目标迈进。在四十多年的求索创新的发展过程中，中医药产品从当初的"板蓝根大王"，到如今的"胃苏大王"，独领中药市场风骚，2014年集团全年总产值达4.6亿元，多年稳居全国医药工业百强榜龙头老大。为了开发中医名方，集团领头人徐镜人曾经不辞辛苦，亲自在全国各地寻找各种验方。最终，他以"三顾茅庐"的赤诚精神感动了被誉为"中医泰斗"的我国著名中医学家、教育家、中国工程院院士董建华教授，贡献出治疗胃病的宝贵验方。获得验方后，徐镜人率领科研人员研究出一整套开发规划，走上攻坚胃苏颗粒的漫漫征程。日复一日,年复一年,他们终于成功开发出自国家新药政策颁布以来第一个国家级中药新品"胃苏颗粒"。胃苏颗粒的成功上市,一举奠定了扬子江药业集团在中药界的翘楚地位。目前,胃苏颗粒累计销售60多亿元,夺得"全国胃药销售单打冠军"。

　　泰州城市创新的时代精神,深深影响着每一位市民。现为泰兴市邮政局江平路支局局长的何健忠,担任支局长工作十多年来,被称为"邮政110"。他凭着"真心、真情、真诚"的创新式服务,使支局业务收入增长了20多倍。在工作中,他创造性地总结的"三性"(刚性、柔性、人性)管理、"四零"(零投诉、零距离、零延时、零缺陷)服务和"六式"(呼叫式、情感式、推荐式、捕捉式、延伸式、互动式)营销服务模式,被江苏省邮政局命名为"何健忠支局管理(营销)工作法",入选江苏省行业文明服务品牌,在邮政行业内得到宣传推广。现为泰州供电公司信息中心主任的许杏桃,长期在一线从事电网运行技术工作。他以敢为人先的创新精神、坚持不懈的拼搏精神、能跟一度电较真的节俭精神、无私无畏的奉献精神,潜心研究电网在节能、稳压方面存在的缺陷,并将计算机软件技术运用于电网实时控制,为社会节能减排作出了重要贡献。他自主创新发明的"供电网无功电压优化运行集中控制系统"项目,在全国电力系统独树一帜,创造了巨大的经济效益。该项目目前在全国20多个省市部分电网推广应用,2013年共实现节电量达到19.2亿千瓦时,折合9.6亿元人民币,相当于节约标准煤67.2万吨,减排二氧化碳174.72万吨。据测算,如果在全国全面推广应用这套系统,每年可节电约220亿千瓦时,5年节电可达三峡大坝一年的发电量。其科研项目先后获得中国职工十大科技创新成果奖、中国电力科学技术进步奖、2009年度国家科技进步二等奖,并申请了国家发明专利7项……许杏桃被人们赞誉为科技节能创新大师,先后获得"全国五一劳动奖章"、"全国劳动模范"等殊荣,当选为中国"节约之星"。

三、包容——泰州城市的公民精神

　　作为中国历史上第一个思想启蒙学派,泰州学派成员来自社会的多个层面,士农工商,包含了各色人等。为了让每个社会成员都能"学至圣人",王艮继承孔孟"有教无类"的思想主张,毕生从事教育工作。为了吸引学生,他在家乡公开树起了有教无类的大旗。在他众多的学生中,不仅有官僚士大夫,且有更多农、贾、陶工、盐丁、樵人等布衣平民,其教育对象有着极大的包容性,形成了受学对象的多阶层和受学人数的众多以及教育影响的广泛性,堪称名副其实的"人民教师"。

6-5 "二贤唱和"石雕

王艮讲学内容"百姓日用即道",是为老百姓说话和呼喊的,因而反映了群众的心声,说出了群众的愿望和要求。而他的以孝治天下,是在严酷的封建专制统治下开出的治理天下的药方。他认为治理国家要推行"尧舜之道",实行"孝治",要求统治者要当尧舜式的明君,这样才能得到老百姓的认可、爱戴与支持。他提出的"天下是天下人的天下"石破天惊,他倡导的"以天下治天下"闪耀着民主主义思想的光辉。这一思想后又被李贽加以进一步发展成为"以人治人"的人民自治思想,具有强烈反封建专制的色彩。泰州学派这种追求平等、崇尚自由、反对束缚人性的思想传统,在当时封建集权专制的社会极具思想解放的启蒙价值,对泰州城市文化产生了深刻影响。

泰州地处江淮之间,楚汉文化与吴越文化在这里交相辉映,文化基因里本就具有包容的传统。因而体现在泰州厚重的历史文化积淀里,包容与和谐共生着"儒释道"中国优秀传统文化以及极具地方特色和个性魅力的水文化、戏曲文化、盐税文化、建筑文化、红色文化等众多精彩纷呈的文化形态。其中,最为辉煌和重要的是"儒文化"与"佛教文化"。这两种文化形态使得长期以来的泰州文化既有相对稳固的延续性,也形成很大的兼容拓展性,展示出泰州城市强大的文化主体与开放的文化胸怀,展现出泰州"和谐包容"的城市性格。历史上的泰州,经历的战乱较少。明末清初清兵入关后,在对扬州屠城后未东行,泰州侥幸躲过一劫。太平天国时期,长江两岸不少城市都先后经历战乱,而泰州与南通、盐城等未染战火的江北一带则成为江浙皖地区的避难所。相对安宁的城市环境和南北共融的生活条件,使得全国各地的行商住贾、文人学者、僧人道士等纷纷迁居泰州,形成"镇江人来泰经营南货业,福建人来泰经营旱烟业,还有山西汾阳人来卖汾酒的,陕西人开皮货店的,皖南来泰州经营经营茶叶、漆业、盐业的"等聚集泰州的景象①。南来北往的人们不仅活跃了泰州的商业经济,而且各自带来的地方文化又与泰州"本土"文化和谐融合,进而创生了泰州城市海纳百川、包容开放的公民精神。今天的泰州人,崇尚自由,讲究公正,民主法制意识强。如在全国率先创造了基层民主法治的泰州模式,无论是农村还是城市社区,广大市民都积极参与民主选举、民主决策、民主管理、民主监督,村民直评村官这种创新的民主监督形式和有效机制,被中央农村基层党风廉政建设工作联席会议办公室以专刊形式在全国范围进行推广。

四、务实 ——泰州城市的人文精神

人文精神是一个城市精神的最高境界,也是一个城市的灵魂,体现一个城市的个性。泰州之所以不同于其他城市,重点则在于泰州这一城市特殊的

---

① 张树俊:《祥和文化的基本特征分析——以泰州为例》,《安徽职业技术学院学报》2012 年第 1 期。

人文精神。泰州城市之所以能"州建南唐",主要是因为有着事关国计民生的盐业和特别丰沃粮食生产的支撑。与此同时,商品经济带来的奢华之风也不可避免地侵入各盐场,伴随奢侈之风而来的还有一种悍骠之风。由于明朝统治不断走向黑暗,以皇族成员、王公大臣贩运私盐牟取暴利为始端,民间为生存而贩运私盐的力量产生。生产优质食盐的泰州安丰场,贩运私盐的情况今天虽无从查考,但从霍韬的《淮盐利弊议》中可见一斑:"淮安官兵,不惟不捕私盐,且受饵利而为之护送出境矣。山东官兵,不惟不捕私盐,反向盐徒丐盐充食矣。盐徒千百,日挟白刃经行,州邑官兵不敢谁何矣……"泰州学派创始人王艮出生在泰州分司下辖的安丰场,本是一名煎盐的灶丁,生活在社会的最底层,为了改变恶劣的生存状况,19岁时开始奉父命去山东"商游四方"。李二曲在《观感录》中说王艮是私盐贩子,称"心斋先生盐丁,场俗业盐,不事诗书。以故先生不知书,唯以贩盐为务。年三十,同乡人贩盐山东",黄直在《奠文》中说王艮"世居安丰,晦迹舟航",虽然说得不是很直接,但实际上就是说王艮因为贩运私盐才发的财。也正是由于王艮积累了雄厚的经济实力,他才能不收分文地"不以老幼贵贱贤愚,有志愿学者传之"。而盐丁、农民、商人、樵夫、隶仆等"四方就学者日众"的结果,终于形成了"中国封建社会后期第一个启蒙学派"——泰州学派。

王艮从百姓之"身是天下之大本"的高度出发,提出"务本而节用"的经济主张。他认为统治者要从百姓日用需要出发,"众皆归农",发展生产,从而使生活安定。针对封建统治者"制用无节而风俗奢靡"的糜烂生活,他要求封建统治者节省开支,"去天下虚靡无益之费"。王艮的思想,经过后传弟子的努力不断发扬光大。颜钧提出"制欲非体仁"的思想,何心隐提出统治阶级应"寡欲"和"与百姓同欲"的思想,而李贽则更重视社会经济的改革,明确要求统治者注重理财,发展经济。泰州学派这些反映民生实际的实学思想内容,既为处于当时社会急于求得生存发展的市民阶层提供了思想指导,也为晚明社会实学思想的发展奠定了深厚的理论基础。特别值得一书的是,泰州学派后期重要代表人物徐光启等,高扬学派经世实用思想大旗,在自然科学方面掀起了一股科学启蒙思潮。他团结李之藻、王徵、李天经等一批从事自然科

6-6　千垛菜花

学的知识分子,学习借鉴西方传教士带来的先进科学技术,使得明代科技发展水平达到了封建社会的顶峰。事实上,正是因为泰州文化传统和泰州学派倡导的"经世致用"思想,使泰州城市文化打上了深深的务实精神烙印。历史上的泰州人,以积极入世的生活态度,踏踏实实的辛勤创造,使得泰州城市经济社会文化各项事业不断取得进步。新时期的泰州人站在新的历史起点上,抓住转型升级综合改革发展重大历史机遇,传承优良城市精神,坚持科学发展,着力改善民生,构建和谐社会,努力把泰州建设得更加美好。围绕发展的新目标,泰州人民在市委市政府的领导下,大力弘扬"创业创新创优、争先领先率先"的新时期江苏精神,传承"团结拼搏、艰苦创业、务实高效、自强争先"的城市精神,大力铸造新时期泰州"尚德、创新、包容、务实"的城市品格,团结一心、共同奋斗,谱写"中国梦"的泰州新篇章。

第三节　泰州学派与泰州文化名城建设

2012年召开的中共泰州市第四次党代会在明确"推进富民强市、建设美好泰州,向基本实现现代化迈进"的历史任务的同时,提出了"建设产城一体的医药名城、形神兼备的文化名城和和谐共生的生态名城"的奋斗目标。建设形神兼备的文化名城,就要充分利用泰州丰富的文化资源和深厚的历史底蕴,深入挖掘和利用泰州历史上的特色文化形成城市文化的品牌优势,进而提升城市的人文精神与文化品位。

挖掘和利用城市的特色文化资源以建设"形神兼备的文化名城","泰州学派"是城市文化建设中大可利用的标识性文化品牌。当代中国著名的历史学家、思想家、教育家侯外庐先生指出:"泰州学派是中国封建社会后期的第一个启蒙学派"①。他的这一评价,得到了中外学者的认同。"泰州学派"不仅在中国具有唯一性,在国际上也早已声名远扬。在中国众多的学术思想流派中,"泰州学派"影响深远,已经成为泰州城市独一无二的特色文化符号、特色文化名片和特色文化品牌。因此,充分利用"泰州学派"这一极具个性的城市特色文化,塑造城市文化之魂,提升城市文化品质,可以不断提升泰州城市的知名度和美誉度。

6-7 科学发展观展览馆

① 侯外庐:《中国思想史纲》(下册),第 17 页。

　　一个城市的特色文化,往往主要体现在两个方面:一是外观上所体现的特有文化形象,二是在内涵上所体现的鲜明文化气质。世界上没有完全相同的两片树叶,更没有完全相同的两个城市。每个城市因为所处地理位置、气候状况、自然环境以及发展历史、社会环境、人文背景的不同,使城市文化呈现出不同的个性特征。因此,如何正确地定位一个城市的文化特色是进行城市文化建设的重要前提。历史的泰州给当今留下了太多的文化遗产和精神财富,文化特色丰富多样,如泰州的佛教文化,早在1600多年前的东晋时期就已传入海陵,到唐宋时发展到顶峰,元代略有衰落后,明清又回复鼎盛。历史上的"江淮四大名刹",泰州的光孝寺和南山寺就入列其中(另为杭州灵隐寺、常州天宁寺),可见泰州佛教之盛。光孝寺曾是中国最大的受戒台(相当于佛学院),从这里走出过一批在全国乃至世界都有重要影响的高僧,这为泰州赢得了"名僧摇篮"的美誉。清末杨仁山所著《江苏名山方丈录》记载:名山方丈"泰籍者十之七八,僧徒之发达,盖于斯为盛",在民间也有"当家和尚泰州多"的说法。国际著名佛教大师星云大师曾感叹:"在中国,泰州话可是被称为佛教界的'普通话'啊!"1984年,泰州佛教协会成立,光孝寺重新开放,在美国的印海、净海和浩霖、菲律宾的乘如等一批泰州籍高僧大德,纷纷以华侨身份来泰州礼佛礼祖,为复兴泰州佛教捐款献物。仅此一斑,就可窥见泰州佛教在全国乃至世界的影响力。

　　又如泰州的戏曲文化,既有柳敬亭在评话界的宗主地位,又有孔尚任《桃花扇》的不老神话,更有梅兰芳京剧艺术的"梅派"风情,泰州可称为集评话、昆曲、京剧艺术为一体的"戏曲三家村",这在中国所有城市中仅泰州独有。特别是京剧艺术方面,泰州戏迷票友的水平之精湛在全国闻名,不少名人名家千里迢迢来到泰州,就是为了在曾是梅氏故居的梅园,与泰州票友共唱一曲京剧名段纪念大师梅兰芳。给泰州乃至全国人民留下难忘记忆的是,江泽民同志曾于1992年1月和2010年5月两次亲临泰州,登上梅园仿古戏台与京剧票友们一起共唱吉祥。一年一度的中国泰州"梅兰芳艺术节",也深深吸引了全世界众多的京剧爱好者的目光。可以说,梅兰芳艺术节已成为泰州打造城市文化品牌,提升城市知名度和影响力的重要平台。

再如泰州的红色文化,可以说是光照千秋。既有沈毅领导的震惊大江南北的五一农民暴动,又有"陈毅三进泰州城"的传奇和名扬中外战争史上的"黄桥决战"、"苏中七战七捷",更有作为"海军母亲城"的骄傲与自豪,等等。因此,泰州完全可以在厚重的历史文化积淀中,在各具个性的特色文化之中,深入研究和准确把握城市最具特色与带有普适性的文化特征,从而打造出城市文化建设的突出品牌,以发挥其在"形神兼备的文化名城"建设中的核心引领作用。

6-8 海军诞生地纪念馆

泰州学派"百姓日用即道"的民本思想主张,使学派成为著名的平民儒学派,也使泰州城市文化具有了浓重的民本特色。因此,切实打好"泰州学派"这张"百姓牌",形成极具个性和广泛吸引国内外目光的文化品牌显得十分重要。泰州学派重视百姓生存与发展的民本思想传统,形成了泰州城市尊重和注重人的生存质量的人本意识。胡锦涛同志提出的科学发展观"以人为本"的核心思想,与泰州学派百姓之"身为天地万物之本"的思想观念具有深刻的文化渊源和高度的契合之处。因此,"形神兼备的文化名城建设",以"百姓"为主题的城市文化建设,不仅有了"形"的意韵,更有了"神"的精妙。从目前泰州的特色文化建设现状看,"百姓系列"的特色文化建设已取得一定成果。

1."百姓大学堂"——以人文社会科学为宣传主题,围绕人民群众关心的话题,以每月固定时间、固定地点的方式,广邀国内一流的知名专家学者如金正昆、王蒙、罗援、于丹等为泰州市民从思想上解惑、文化上解渴、心理上解压,所讲内容涉及时事政治、素质教育、文学艺术、康体养生、心理健康等诸多话题。一场场的文化盛宴,不仅给泰州百姓带来了视听享受,更重要的是提升了广大市民的人文素养和文化品位。

2.“百姓议事园”——以调动广大市民广泛参与城市发展为指导原则,集中民智、体现民意、解决民困、凝聚民心,从而提高政府决策的科学性和工作的有效性。创新的工作机制,架起了政府与人民群众之间沟通交流的桥梁,成为顺畅民意的渠道和集聚民智的平台,更成为体现广大市民百姓当家做主的载体。

3.“百姓大舞台”——以丰富广大百姓的精神文化生活为主要目的,通过一场场演出活动,为广大的普通百姓搭建了一个展示自我风采的平台。在给市民们送上一道道精美文化大餐的同时,也极大地提升了广大市民的精气神。“百姓大舞台,有我更精彩,我演我唱我最帅,做回明星展风采”的主题歌词,成为泰州市民耳熟能详的话语。

4.“百姓阳光屋”心理健康热线——以调适市民的阳光心态为工作重心,通过集中宣传、系列活动、个性互动等形式,通过家庭教育、职业心理、特殊群体(个体)等心理健康知识传播,以及心理咨询和救助志愿服务活动,打造心灵驿站,实现人文关怀,营造泰州广大市民和谐美好的精神家园。

5.“百姓名嘴宣讲队”——以创新党的理论和政策宣传方式为根本要求,通过演讲、快板、演唱、脱口秀、歌谣、小品等广大人民群众喜闻乐见的形式,把深奥的理论用群众化的语言讲得通俗易懂,真正使党的路线、方针、政策在广大党员干部群众中入耳、入脑、入心。

6.“百姓道德故事会”——以弘扬中华传统美德为建设目标,通过百姓自己讲自己故事的方式,突出示范引领和价值导向,有效引导广大市民自觉成为传统美德的践行者,进而推进社会主义核心价值体系的教育,形成城市知荣辱、讲正气、作奉献、促和谐的优良社会风尚。

泰州以“百姓”为文化品牌的城市特色文化建设工作,得到了中央文明办的高度肯定。中共江苏省委新闻网的报道中指出:"中央文明办认为,泰州市在公民道德建设中,秉承本地历史上'百姓日用即道'的修德理念,结合新的时代要求,以群众为主体,精心设计群众便于参与、乐于参与的教育载体,扩大覆盖面、增加亲和力,引导群众在参与中明德、在互动中悟德、在感悟中守德。"①

6-9　泰州电视塔

　　泰州学派主张顺适自然,强调"以自然为宗",使学派成为具有引领思想解放潮流的启蒙学派,也使泰州城市文化打上了厚重的生态文化烙印。因此,"形神兼备的文化名城"和"和谐共生的生态名城"建设,泰州有必要在外在形象如建筑、道路、广场、山水、绿地等方面精心设计,塑造形象。在《泰州市城市空间特色规划》中,将未来泰州城市定位为"文化之城、临江水城、宜居

---

① 毛晓华:《泰州"百姓系列"获中央文明办肯定》,《泰州晚报》2013年7月12日。

名城、休闲之都"，这一富有个性特色的城市发展定位有着深刻的历史文化依据，既与泰州地理、历史、经济、社会与文化等各方面发展要素相联系，也与泰州学派的生态文化思想相联系。泰州学派王艮从"身"是天地万物之"本"角度出发，提出"人与天地万物一体"的生态哲学思想。他的这一思想，是从整体生态系统的高度，把"百姓"这个"人"置于天地万物的中心位置，强调实现百姓之"身"与自然的和谐共处关系。王艮的这一生态哲学思想主张，使中国传统的"天人合一"思想不仅打上了深深的"人本"烙印，更使其赋予了全新的生态文化内容。黄宗羲在《明儒学案》中，直接点明王艮思想的核心是"以自然为宗"。而有"当代新儒家"之美誉的国学大师牟宗三先生认为，泰州学派王艮"以为道眼前即是，主平常，主自然，全无学究气，讲学大众化……他又特别重视了阳明'乐是心之本体'一语，因此，此平常、自然、洒脱、乐，这种似平常而实是最高的境界便成了泰州派底特殊风格，亦即成了它传统宗旨"①。可以说，泰州学派的这一"传统宗旨"，深深地影响到泰州人的思想观念。泰州的市民崇尚舒适、安逸的生活，遇事想得开，待人接物神定气闲，邻里之间和睦互助，追求祥和安泰的社会环境。泰州这种特色鲜明的地域生态文化，成为泰州城市建设"秀水福地　吉祥泰州"城市主题文化的重要依据。

"秀水福地　吉祥泰州"文化主题，既体现了泰州城市特色文化的品位和特征，也体现了城市文化对百姓的归属感和吸引力，使百姓在感受泰州城市文化魅力的同时，实现对城市文化的自豪感与幸福感的满足。而且这一主题，契合了泰州城市文化中的闲适文化特征，契合了当今世界旅游休闲文化的发展潮流。泰州城市在地理环境、功能布局、景观建设以及城市历史文脉的保护等方面，注重和弘扬古韵雅风的文化特色。主城区历史文化名城保护的范围北到海阳路，东到城河、草河，西到城河、卤汀河，南以城河、北到老渔行为界，总面积约 4.5 平方公里。重点保护环城河两侧景观和风貌、海陵路两侧传统零售商业轴以及税务街两侧税务文化，保护卤汀河、稻河、草河两侧沿河风貌带，以及五巷涵西街古民居、城中古民居、城南高桥古民居、光孝寺历

---

① 　牟宗三：《从陆象山到刘蕺山》，上海古籍出版社 2001 年版，第 283 页。

史文化、泰山历史文化、南山寺历史文化等六个风貌区。泰州还抢救性地修复和修建了一批有代表性的古街区及古民居建筑,如岳武穆祠、安定书院、蒋科宅第方阁楼、都天行宫、李园、雕花楼等。又如溱湖国家湿地公园的精心打造,从资源开发与环境保护并重的原则出发,围绕生态、水、乡情三大主题,开发和建设了一批既有观赏性又有参与性的旅游景点,而且开发出以溱湖水产品为原料的"溱湖八鲜"系列特色产品等,成为享誉长三角的特色旅游品牌。最早作为专门祭祀泰州学派创始人王艮的"崇儒祠",经过恢复部分建筑以及重新布展,成为泰州打造"形神兼备的文化名城"一个具体的行动。崇儒祠既成为展示泰州特色文化的新景观,又成为泰州城市特色文化旅游的新景观,更会成为海内外研究和扩大宣传泰州城市特色文化的重要平台、窗口,这将对形成泰州学派城市特色文化的金字招牌起到关键性的作用。如今,在如何把泰州学派纪念馆做成世界性的"泰州学派"学术研究圣殿和崇尚泰州学派思想者的精神高地等方面,泰州人正在进行深远的思考和谋划。

综上所述,一个城市的特色文化建设,要着力做到内强市民素质与外塑城市形象特色的和谐统一。泰州"形神兼备的文化名城"建设,必须继续抓住"泰州学派"这一具有特殊人文魅力和影响力的品牌文化,从"三个名城"的整体规划出发,潜心、耐心和精心地进行系统设计与科学打造,做亮"秀水福地 吉祥泰州"的城市品牌,从而使泰州真正成为国家级历史文化名城中一颗耀眼的明珠!

参考文献

[1] 黄宗羲.明儒学案[M].上海:中华书局,1985.

[2] 嵇文甫.左派王学[Z].上海:开明书店,1934.

[3] 袁承业.明儒王心斋先生全集,清宣统二年(1910年)印.

[4] 袁承业.王心斋先生弟子师承表[Z].清宣统二年(1910年)印.

[5] 王守仁.王阳明全集[M].北京:中央编译出版社,2014.

[6] 陈祝生,等,编.王心斋全集[M].南京:江苏教育出版社,2001.

[7] 何心隐(容肇祖整理).何心隐集[M].上海:中华书局,1981.

[8] 李贽.李贽文集[M].北京:北京燕山出版社,1998.

[9] 嵇文甫.左派王学[M].上海:开明书店,1934.

[10] 颜钧.颜钧集[M].黄宣民,点校.北京:中国社会科学出版社,1996年.

[11] 罗汝芳.罗汝芳集[M].方祖猷,整理.南京:凤凰出版社,2007年.

[12] 袁宏道.袁宏道集笺校[M].钱伯城,笺校.上海:上海古籍出版社,1981年.

[13] 袁宏道撰.白苏斋集、中郎集[Z].清抄本.

[14] 袁中道.珂雪斋集[M].上海:上海古籍出版社,1989.

[15] 汤显祖.汤显祖集[M].上海:上海人民出版社,1973.

[16] 徐光启.徐光启集[M].王重民,整理.上海:中华书局,2014.

[17] 张廷玉,等,撰.明史[M].上海:中华书局,1974.

[18] 钱穆.国史大纲[M].北京:商务印书馆,1994.

[19] 任济愈.中国哲学史[M].北京:人民出版社,1964.

[20] 侯外庐.中国思想史纲[M].北京：中国青年出版社，1980.

[21] 梁漱溟.梁漱溟讲谈录：朝话[M].合肥：安徽文艺出版社，1997.

[22] 顾秉谦，等.明神宗实录[M].上海：上海古籍书店，1983.

[23] 洪镇涛，著译.论语[M].上海：上海大学出版社，2011.

[24] 孟轲.孟[M].西安：陕西人民出版社，1998.

[25] 荀况.荀子精读[M].上海：复旦大学出版社，2011.

[26] 陈鼓应.老子注译及评介[M].上海：中华书局，1984.

[27] 王世贞撰.弇州史料前集、后集[M].北京：北京出版社，1998.

[28] 苏勇点校.易经[M].北京：北京大学出版社，1991.

[29] 董仲舒.春秋繁露[M].郑州：中州古籍出版社，2010.

[30] 杨天石.泰州学派[M].上海：中华书局，1980.

[31] 辛冠洁，丁健生，蒙登进主编.中国古代著名哲学家评传[M].济南：齐鲁书社，1982.

[32] 陈梧桐主编.中国文化通史[M].北京：中共中央党校出版社，2004.

[33] 钱穆.中国近三百年学术史[M].上海：中华书局，1984.

[34] 梁启超.中国近三百年学术史[M].北京：中国书店，1985.

[35] 牟宗三.从陆象山到刘蕺山[M].上海：上海古籍出版社，2001.

[36] 张学智.明代哲学史[M].北京：北京大学出版社，2000.

[37] 陈来.中国近世思想史研究[M].上海：三联书店，2003.

[38] 吴震.泰州学派研究[M].北京：中国人民大学出版社，2009.

[39] 姚文放.泰州学派美学思想史[M].北京：社会科学文献出版社，2008.

[40] [韩]崔在穆.东亚阳明学[M].朴姬福，靳煜，译.北京：中国人民大学出版社，2009.

[41] 林子秋，马伯良，胡维定.王艮与泰州学派[M].成都：四川辞书出版社，2000.

[42] 龚杰.王艮评传[M].南京：南京大学出版社，2001.

[43] 季方桐.泰州学派研究[M].哈尔滨:黑龙江人民出版社,2004.

[44] 蔡文锦.泰州学派通论[M].南京:江苏人民出版社,2005.

[45] 蔡桂如.泰州学派[M].南京:江苏文艺出版社,2007.

[46] 陆镇余主编.泰州学派学术纪念论文集[C].泰州学派纪念馆筹备组,1987.

[47] 周琪主编.泰州学派国际学术研讨会论文集[M].南京:江苏古籍出版社,2001.

[48] 方祖猷.明朝中晚期的人文主义思潮和文艺思潮——论泰州学派对文艺的影响[J].宁波大学学报(人文科学版),1988(2).

[49] 李甦平.论霞谷 郑齐斗的阳明学思想[C].阳明学刊,2008.

[50] 钱明.东亚阳明学何以必要?[J].江南大学学报(人文社会科学版),2012(5).

[51] 白秀芳.李贽研究在国外[J].首都师范大学学报(社会科学版),1996(1).

[52] 汪震国.试论城市精神的培育和塑造——以福建省三明市的实践为例[J].中共福建省委党校学报,2008(3).

[53] 胡维定.从王艮的"大成仁学"到颜钧的"大成仁道"[J].南京师大学报(社会科学版),1997(3).

[54] 张树俊.祥和文化的基本特征分析——以泰州为例[J].安徽职业技术学院学报,2012(1).

[55] 毛晓华.泰州"百姓系列"获中央文明办肯定[N].泰州晚报,2013 - 7 - 12.

[56] http://rwtz.t56.net/index.php.

[57] http://202.136.208.148:9080/rdjj/2005130021.htm.

后记

　　为深入贯彻落实党的十八大和十八届三中、四中、五中全会精神,习近平总书记系列重要讲话精神,特别是视察江苏重要讲话精神,推动江苏文化建设迈上新台阶,由省社科联牵头,各省辖市社科联组织联系相关专家学者,历时近两年,编撰《江苏地方文化名片丛书》。丛书以省辖市为单位,共分13卷,每卷重点推出该市一张具有代表性的文化名片,全面阐述其历史起源、发展沿革、主要内容和当代价值等,对于传承江苏地方文化精粹,打造江苏地方文化品牌,塑造江苏地方文化形象,具有积极的推动作用。

　　省委常委、宣传部部长王燕文高度重视丛书的编撰工作,担任丛书编委会主任,给予关心指导,并专门作序。省委宣传部副部长双传学,省社科联党组书记、常务副主席刘德海,党组副书记、副主席汪兴国,党组成员、副主席徐之顺担任编委会副主任。各市市委常委、宣传部部长和省委宣传部理论处处长李扬担任编委会委员。刘德海担任丛书主编,全面负责丛书编撰统筹工作,汪兴国、徐之顺担任丛书副主编,分别审阅部分书稿。省社科联研究室原主任崔建军担任丛书执行主编,具体负责框架提纲拟定和统稿工作。陈书录、安宇、王健、徐宗文、徐毅、朱存明、章俊弟、尹楚兵、纪玲妹、许建中、胡晓明、付涤修、常康参与丛书统稿。省社科联研究室副主任刘西忠,工作人员朱建波、李启旺、孙煜、陈朝斌、刘双双等在丛书编撰中做了大量工作。

　　《泰州学派文化》卷由中共泰州市委常委、宣传部长卢佩民担任主编并作序,潘时常担任副主编,泰州市社科联组织专家编撰,蔡桂如、潘时常执笔编写。在编写过程中得到了泰州市图书馆、泰州崇儒祠、姜堰王氏宗祠等单位的大力支持。

省新闻出版广电局、各市委宣传部、市社科联对丛书的编辑出版工作给予了大力支持。值此,谨向各有关部门、专家学者和南京大学出版社表示衷心的感谢! 由于时间较紧,编撰工作难免疏漏,恳请批评指正。

2015 年 12 月